中超狂战斗

文夜郎◎著

图书在版编目（CIP）数据

中超在战斗 / 文夜郎著 . -- 北京：企业管理出版社，2020.11
ISBN 978-7-5164-2259-5

Ⅰ. ①中… Ⅱ. ①文… Ⅲ. ①足球运动 - 联赛 - 研究 - 中国 Ⅳ. ① G843.735

中国版本图书馆 CIP 数据核字（2020）第 196772 号

书　　名　中超在战斗
作　　者　文夜郎
选题策划　周灵均
责任编辑　张　羿　周灵均
书　　号　ISBN 978-7-5164-2259-5
出版发行　企业管理出版社
地　　址　北京市海淀区紫竹院南路 17 号　　邮编：100048
网　　址　http://www.emph.cn
电　　话　编辑部（010）68456991　发行部（010）68701073
电子信箱　emph003@sina.cn
印　　刷　河北省永清县晔盛亚胶印有限公司
经　　销　新华书店
规　　格　170 毫米 ×240 毫米　16 开本　15 印张　180 千字
版　　次　2020 年 11 月第 1 版　2020 年 11 月第 1 次印刷
定　　价　75.00 元

自 序

举办“东方小世界杯”的中国梦

中超故事讲得精彩吗？中超故事有世界级经典吗？怎么把中超故事讲得更好更吸引人呢？

中超作为崛起的中国故事之一，中国足球如何为新时代的国家建设服务，这是一个值得探讨的话题。

一个国家的对外宣传关系着国家形象的树立与塑造；一个企业的形象展示传播着公司的品牌文化，对潜在的顾客有着天然的吸引力；一个产品的广告宣传影响着它能否成功畅销，决定着生产者的生死存亡。这些，都不可轻视。

欧洲五大联赛等球会吸引中国球员时总是说，“为了中国市场”。

那么中超为什么不把梅西、C 罗式的球员在他们当打之年吸引到中国来？为什么不用中超特有的知识产权、体育版权使“中国制造”获得世界市场呢？

竞技体育就是要有踊跃拼搏、奋勇向上的精神，要努力争第一，要勇敢地去争夺冠军。我们怕参与竞争吗？我们敢想、敢做吗？中超能如意甲“小世界杯”时代的辉煌，打造成“东方小世界杯”吗？中超能把世界球迷的眼球持续吸引到中国来吗？中超能助推“中国制造”精品成为世界品牌吗？

一

足球场上，球员要流汗，要冒着受伤、流血的风险拼搏，不只是训练时要努力、要奋斗，比赛时更要有战斗精神，要和其他队友组成团队，每个球员都要像英雄一样勇敢地战斗，才能把一场足球比赛精彩地呈现出来。

中超在战斗，需要拿出拼搏进取的精神，翻山越岭，克服困难；国内球员在战斗，他们要向世界级球员学习，争取突破瓶颈，成长为世界级球员。

我们要向来过或现在还在中超的世界级球员、教练员致敬。

帕托曾乐滋滋地在中国踢球，我们要向他致敬。

特维斯回了阿根廷，我们也要向他致敬。

保利尼奥曾去了巴萨，现又回到中国，我们更要向他致敬。

三位世界级足球精英，来自不同的国度，曾经来过中国，或还在中国，他们一样曾在中超战斗过，或仍要为中超而努力。

保利尼奥成功了，特维斯却没能成功。但他们一样向世界宣传了我们的大国形象，保利尼奥、帕托等世界级球员的到来丰富了我们的足球舞台，他们在中超充分施展了自己的才华；而特维斯体现的是中超对世界级人才的渴求。他来中超，虽然没有展示出其最好的一面，但我们同样报以感激。

世界级人才可以通过中超，了解我们中华民族五千年的文明以及正在创造的文明；中超也可以成为世界级足球精英的舞台，让世界通过中超这个窗口看看我们正在腾飞的国家。我们可以自信地将我国的建设成果展示给世界球迷。

二

欧洲五大联赛、NBA 向世界宣传体育文化软实力，不知吸引了多少中国年轻球迷的眼球。

来到中超的这些世界足球精英一度把世界球迷的眼球吸引到了中国。

中超也在版权商体奥动力团队的努力下将我国男足联赛版权卖向了国外，提高了中超在世界范围的影响力。

为什么巴西、阿根廷等足球人才辈出的南美洲国家向欧洲输出了众多世界级足球运动员，欧洲五大联赛又花了大把银子来吸纳世界级足球人才，但巴西、阿根廷等南美洲国家的足球赛事与欧洲五大联赛相比，却没有其繁荣，没有其赚钱呢?

以前，笔者对此也是百思不得其解，后来通过仔细分析恒大球队吸引世界级一流球员，在中超和亚冠联赛取得成功的案例后才恍然大悟，茅塞顿开。欧洲联赛更值钱，是因为他们有一套成熟的人才制造体系，使得欧洲五大联赛举办国的系列产品同时在世界上获得了知名度、美誉度，从而高溢价向世界销售，进而获得了巨额财富，使这一赛事持续繁荣。

他们利用这一方式，持续不断地向世界球迷传播，“欧洲才是世界级人才施展才华的天堂”，从而吸引世界一流的人才不断地涌到欧洲，使他们变得更强。

原来如此。

如果说我们有能力利用好“眼球经济”这一模式，用足球联赛强大的社会功能为中国整体经济服务，那为什么我们要拱手让人呢?

2018 年俄罗斯世界杯中国男足走到了附加赛的门口，从结果看虽然是失败了，但比赛内容受到广大球迷称赞。

创新是艰难的，改革者更需要勇气，对于敢作为的领导者，特别是试错者，他们在黎明前的黑夜里探索，为后来的成功者铺路，我们要向他们致敬。

2017 赛季，足协发布了一系列新政，包括引援新政、外援上场新政等，统称为 2017 中超新政。这一系列新政都是想为中国足球的进一步崛起探索一条阳光大道。

中超走到了十字路口，到底该向何处去?

三

中超是该用来培养未成熟的青少年球员，还是用来锤炼当打之年成熟的国家队球员呢？ 2017 中超新政会成功吗？

笔者作为一个球迷，也和大多数球迷一样对中超的引援新政、外援上场新政、U23 新政抱有极大的热情和期望。但是到了后来，大家又觉得联赛竞技质量大幅下降了。联赛竞技质量降低，也会降低国内球员的竞技水平。超过 23 岁的国内球员，正值提高竞技水平的黄金年龄，然而他们的生存空间却被挤压，得不到高水平的比赛锤炼。国内球迷为了看到高质量的职业比赛，只好将目光转向欧洲五大联赛。国外球迷也因中超联赛质量的降低而对其提不起兴趣，因为中超没有国产世界级球员，也缺少国外球迷喜欢的世界级外援。

中超开征世界级足球人才引进“调节费”，限制高价引援，强制 U23 球员上场。这样一来欧洲五大联赛太高兴了，他们不需要再担心重量级球员被中超挖墙脚。中超对这些球员的定位主要是来中国赚钱，同时挤压了中国球员的生存空间。中超的球迷也没有了联赛开哨前的转会热闹可看，他们认为世界级球员登陆中超的现象将很难再见到。同时，没有了世界级球员，参与中超的企业精英们也失去了一个展示自己实力的舞台。

再说 U23 上场规定，中国足协的定位是国家队的好成绩要靠 U23 球员，但对于当打之年的国家队球员又如何呢？他们还要为国踢球吗？是不是每年的国家队比赛都用 U23 球员踢呢？只想用 U23 球员踢成人国家队的比赛，并且想取得好的成绩，这在世界足球发达国家也没有成功的先例。

我们需要把 24 ~ 28 岁的国家队球员送到欧洲五大联赛去锻炼，但我们没有为这些成熟球员走进高质量的欧洲联赛想好办法，想送球员到欧洲五大联赛，却送不出去，或送出去的球员由于数量有限远远满足不了我们的需要。

反之，如今我们有能力请一些世界级球员进来，特别是中国企业精英投资人非常热情，他们看中了世界级球员这种特殊的生产资料、原材料的属性，用他们可以提高我们的联赛质量，可以把中超部分球队的水平提高到欧洲强队的水平。让中国国家队球员和这些球员不断竞技，也可以让国内 24 ~ 28 岁正需要大力提升技能的国家队球员得到锻炼，其球技必将会得到大幅提升。然而，这一有利趋势却被足协推出的 2017 中超新政所阻断。

那么，这些试验能成功吗？需要用什么标准来检验呢？

四

职业联赛是一项社会性事业，更是一个综合体。

怎样把中国 GDP 与中超联赛串联起来，把中国整体形象与中超联赛串联起来，把中超引援与引进人才串联起来，把中超对海外转播与中国整体经济形象对海外宣传串联起来？是否把它们串联起来，许多问题就能迎刃而解？结果不得而知，但还是要试试吧。

2017 中超新政对中国球员有“溺爱”的嫌疑。中国男子足球队现在应该利用中超培养出国内的世界级球员，要让 U23 球员在激烈的竞争中脱颖而出，而不是溺爱。在中国没有加入 WTO 前，许多人认为国内很多企业可能要被淹没、淘汰，哪知他们现在却活得更好，发展得更快。

就如曾经的 U23 球员韦世豪所说，他们不需要 U23 球员政策庇护（言下之意更想有欧洲五大联赛式的竞争）。2017 年，他在上港队也确实没有享受多少 U23 球员政策对他的照顾，然而也得到了不断成长。

但是，大家根本不相信这些优秀的年轻球员有参与国际竞争的心理承受能力。

五

笔者对足球上瘾是从 1998 年世界杯开始的，那一届世界杯的故事讲得很好，很精彩，很吸引人。笔者随后成了体育迷，算起来已有 20 多年，对中超曲折的发展历程也有了一定的了解，耳闻目睹了许多重大事件。中超经过几代人的努力，发展到今天很是不易。中超实际上是紧紧跟随中国整体经济的发展而壮大起来的，是中国经济的一部分，不能只看它的公益部分，它的经济成分也不能忽视。既然有经济成分，就要遵循市场经济规律。

到了现阶段，笔者的观点是，中超要打造好自身的竞争力，不仅是洲际竞争力，而且是世界竞争力，只有这样，才能高质量地为中国 GDP 服务，为实现“中国梦”服务。

六

2001 年 12 月 11 日，中国正式加入 WTO。一段时间后，中国企业如鱼得水，逐渐成长了起来，而且涌现出一批世界级优秀企业。比如，联想集团收购了美国的 IBM PC（个人电脑事业部），海尔集团的工厂建到世界各地，吉利蛇吞象般地收购了欧洲汽车品牌沃尔沃，华为积极拼搏成就了世界通信行业的高科技领军企业。

“中国制造”已遍布世界各地。

2017 年，中国的 GDP 已经达到了 82 万亿元。现今，中国经济仍在高速增长，各行各业都在提高质量，吸引着越来越多的世界级人才涌向中国，包括一些世界顶级球员，他们也正在向中超涌动，参与到制造中超 GDP 的进程中来。

这些世界级球员是来中超“淘金”，还是帮助我们发展呢？我们是该抵制，还是该欢呼呢？

笔者的观点是，他们是制造中超 GDP 的世界级人才，是成熟人才，是珍贵的、稀有的，如果运作好，他们就是能保值、增值的高端生产资料和原材料。他们和国内球员一起，通过中超向世界 100 多个国家和地区进行宣传，他们是中国的形象代言人。他们有广而告之的作用，向世界发出中国的声音，向世界发出中国需要世界级人才加盟的声音，向世界发出中超越来越强、中国经济越来越健康的声音。这些外援花了俱乐部很多钱，笔者认为是值得的。中国发展的供给侧结构性改革，就是要优化产业结构、提高产业质量，优化产品结构、提升产品质量。以前，“中国制造”

的整体技术含金量不高，太多的工业产品停滞于粗加工阶段，“中国制造”若由世界级成熟人才参与升级成高端产品，其价值和含金量则要高得多。

如果把这些球员定位为珍贵的、稀有的生产资料、原材料的话，那么向引进这些球员的俱乐部开征世界级人才奢侈品税，这种做法实在值得商榷。

七

2017年，中国国家男子足球队主教练换成了世界顶级人才里皮先生。国足虽没能进入世界杯决赛圈，甚至没有进入附加赛，但在这种级别很高的赛事中，他带领着这批被部分专业人士认为资质平平的队员，却战胜了韩国队和乌兹别克斯坦队，特别是战胜韩国队，让国人觉得很是痛快，笔者也不例外。这种软实力在一定程度上也给了国人以鼓舞和力量。

每一个关心中国男足的球迷，也都在关注着中超联赛往何处去。

作为中国球迷，我们很幸运，我们生活在和平的年代，生活在丰衣足食的时代，但国人仍在积极拼搏、努力奋斗，希望获得更高的精神文明和物质文明。我们有幸见证了广州恒大足球俱乐部在两次亚冠决赛中夺得亚洲冠军，还在世俱杯上打败了非洲的洲际冠军埃及阿赫利队，掀翻了中北美洲冠军墨西哥美洲队，真刀真枪地和欧洲冠军拜仁及巴萨各踢了一场，虽然输了，输家的保利尼奥却被赢家巴萨挖走——当时，广州恒大为此赚了2600万欧元。

中超各俱乐部组成的国际纵队在球场上积极进取，流汗、受伤、流血，犹如战场上的战士，不畏艰难，给我们留下了许多有趣的、激动人心的奋斗故事。

八

我国的消费者已经走出国门，游遍世界，购遍世界。世界人民也逐渐对“中国制造”熟悉起来。那么，我们用什么方式把“中国制造”更广泛地宣传出去呢？如何让其他国家的老百姓觉得溢价购买“中国制造”是自然而然的事呢？

事实上，就如曾经的“小世界杯”意大利足球甲级联赛，我们可以通过打造高水平的中超联赛来表现中国的体育文化软实力。我们可以长时间地“购买”世界级外援，把中超打造成“东方小世界杯”。如里皮所说，胜利要成为一种习惯，而中超“购买”成熟的世界级一流人才也要成为一种习惯，这说明中国有购买实力和加工使用能力，我们付出的劳动终将会有收获，世界也终将会认可我们。由于大量世界级足球人才的加入，中超俱乐部之间的竞争势必会变得更加激烈，我们需要这种竞争，更要让世界人民看到这种竞争，看到中国的奋斗精神。

中国仍在奋斗，中超需要战斗。

九

中超到底是什么模式呢？有多少企业家是笑着进来的，又有多少企业家是哭着出去的？许多企业家口口声声要放弃，却又欲罢不能，这又是为什么？中超俱乐部到底是该赚钱，还是要办成公益项目，还是两者兼顾呢？

在笔者看来，许家印先生把中国职业足球嫁接为其企业服务，同时也让中国足球在世界上的形象大为改观；中国足协很多领导者并不是踢足球出身，也能管理中国足球这个大摊子。笔者作为一个外行，以球迷的视角分析一下，也算是一家之言，见仁见智吧。

作为一个球迷，作为一个中国人，站在中国整体经济的角度，利用所学、所知，从传媒带动经济发展角度，参考欧美足球、篮球等体育产业发展现状，审视中超的走向，是一件很值得做的事。

笔者就想把这诸多现象梳理一下，围绕这一梦想——举办“东方小世界杯”，对中超的发展历史、运营特点、成功模式、优缺点、社会功能、产生的误区、举办小世界杯的条件等进行深入分析，同时把它们联结起来，为中国足球发展提出一孔之见，为中国经济的发展尽一份绵薄之力！

文夜郎

2020 年 9 月

名词解释

中超联赛制造

由中国男子足球职业联赛的开展而进行的系列半经营性、半公益性的活动，它们所产生的主要经营价值和公益价值包括:比赛本身的竞技欣赏；解决就业岗位；带动服装鞋袜等消费；对投入足球俱乐部母公司及子公司的宣传；赛事信号制作及其销售传播；场内、场外广告活动；电视、网络直播或转播而带来国内外球迷的关注，等等。这些价值均由联赛的开展而产生，故称中超联赛制造。

中超 GDP

源自中国男子足球职业联赛的开展，由中超联赛的经营性所带来的、通过无烟生产创造的 GDP。

俱母互哺模式

在中国男子足球职业联赛开展过程中，由具有一定实力的国内企业（不论国有还是民营）参与投入形成一个新的具有独立法人资格的子公司——职业足球俱乐部，母公司获得子公司足球俱乐部的完全产权，对子公司足球俱乐部在资金投入上形成保障，同时在足球俱乐部的运作方向上、重要的人事任用上具有完全的权利;子公司足球俱乐部对母公司负责，在母公司的指导下按照中国足协参赛要求建队，参与中超联赛的一切职业比赛以及经营活动和公益活动，以竞技成绩获得社会关注并反哺母公司，从而形成的一种中国职业足球特色模式。

引援新政

中国足球协会规定，自 2017 年开始，各中超足球俱乐部引入外援资金支出时，每名球员未超过 4500 万元，引入国内球员资金支出时，每名球员未超过 2000 万元的相关俱乐部，不需缴纳引援调节费。若超出这个数额，俱乐部应等额缴纳引援调节费。该笔费用纳入中国足球发展基金。中国足协将其简称为“外援调节费”。

U23 新政

在 2017 赛季中超、中甲联赛中，上场运动员名单中至少应列入两名 U23 国内运动员（1994 年 1 月 1 日后出生），其中一名 U23 国内运动员应为首发运动员。也就是说，比赛的 18 人大名单中必须有两名 U23 球员，而且其中一名 U23 球员必须是首发球员；这一规定也持续应用到 2018 年的中超职业联赛，每场比赛 U23 球员增加到 3 名；2019 年下半赛季改为全场比赛场上有 1 名 U23 球员即可。

外援上场新政

中超职业联赛为培养年轻球员，规定让 23 岁及以下的年轻球员上场并减少外援注册人数和上场人数。

企业形象宣传广告

企业形象宣传广告就是企业向公众展示企业实力、社会责任感和使命感的广告，通过同消费者和广告受众进行深层的交流，增强企业的知名度和美誉度，使其对企业及其产品产生信赖感。

企业积极响应社会公共事业和公益事业，以企业名义倡导一种精神文明观念，以及对社会的一种看法，它展示了一个企业的高度社会责任感，以此来博取消费者的赞同或支持，进而产生一种关注效应。将这种关注转嫁到企业或产品上，以此提高品牌的知名度和亲和力，这是目前企业形象宣传广告使用最为广泛的一种手法。对企业来说具有以下几个方面的作用：

（1）宣传提升企业形象，促进产品销售。

（2）宣传提高企业信誉，吸引社会各界投资。

（3）宣传企业良好形象，吸引聚集人才。

（4）优化企业生存发展环境。

小世界杯

在欧洲五大联赛中，曾经的意大利足球甲级联赛拥有世界上最多的世界级著名球员。南美洲、欧洲等足球强国的优秀球员基本上都在这里踢球，使得意大利联赛好似各国国家队踢世界杯一般，所以叫作“小世界杯”。

目　录

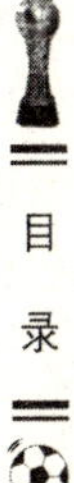

上　篇

中国男子足球职业联赛的基本特点

中超在广州恒大两夺亚洲冠军联赛冠军后全面引爆了。中超版权在 2015 年被媒体、球迷评为拍出了天价，这也引起了笔者的进一步关注。以前是单纯地看球赛，但中超的系列经济现象激发了笔者一探究竟的兴趣。本篇以球迷的视角对中国足球职业联赛的基本特点、模式、盈亏做了深入研究，得出独家见解，与读者分享。

第一章 中超概述

第一节 中超的由来

导读

笔者本想直言不讳地把自己的一些看法和观点讲出来，并分析一番即可，但如果对中超没有整体的剖析，读者要想看清本书阐述的观点就不太容易。没有来龙去脉，读者也将一头雾水。因此，本书只好落入俗套，先从中超的由来和背景谈起，从中超的演变阐述开来。

一、中超简述

中超，即中国足球协会（以下简称“中国足协”）举办的每年一届的国内成人男子职业足球超级联赛，简称“中超”或“中超联赛”。它由中国足球协会组织，由中超联赛有限责任公司（以下简称“中超公司”）运营，是我国最高级别的男子职业足球联赛。

从中超公司的性质来看，与世界上成功运营的欧洲五大联赛相比，一样具有企业性质，其经营完全是公司化运作，只不过中超关联企业众多。

那么，该怎么把企业做好？这就必须从企业生产经营发展的需要出发，用世界上最好的生产资料、原材料进行加工生产，用一流的工匠、一流的技术工人等人才生产，只有这样，才能生产出世界上一流的产品，使企业获得最大的经济效益和社会效益。

中超联赛开始于 2004 年，前身为中国足球甲 A 联赛。

2004 年，根据中国的市场和国情，为进一步提升中国职业足球的竞赛水平和品牌知名度，中国足协在总结中国十年职业足球经验的基础上，正式推出“中国足球协会超级联赛”。

目前，中国的职业联赛呈梯级发展态势，分别为中冠（业余队）——中乙——中甲——中超。球队根据年底的最终竞技成绩排名，实行优胜劣汰制。

中超联赛第一届有 12 支球队参加，前两届暂停升降级制度。2006 赛季恢复“升二降二”的升降级制度。在 2006 赛季，四川冠城俱乐部解散；2007 赛季上海申花俱乐部与上海联城俱乐部合并；2008 赛季武汉光谷俱乐部中途退出；2013 赛季初大连实德俱乐部退出。因此，这四年都只实行“升二降一”制度，即从中甲联赛中升级两队到中超，降级一队到中甲。

2006 年 4 月，为推进中国足球产业的市场化进程，中国足球协会

与所有中超联赛参赛俱乐部共同出资成立了“中超公司”。

2007 赛季，由于上海联城和上海申花合并，有 15 支俱乐部队伍参加第四届中超联赛。

2008 赛季，第一次有 16 支队伍参加中超联赛，但是 10 月初，武汉光谷因称中国足协违反程序对其进行不公平处罚而退出中超联赛。

2009 年，因为中国男子足球国家队长期成绩不佳，加上中超联赛存在管理等问题，引起了相关领导的关注，并采取行动，大范围打击赌球行为。

在 2011 赛季前（包括甲 A 和甲 B 联赛），中国球队引进冈波斯、加斯科因、孔卡、安贞焕、卡通戈等著名球员。

2012 赛季，中超联赛 16 支球队单赛季投入不断增加，超过 30 亿元。中超自赌球风波后，再次被国内甚至世界球坛所关注；2012 年全年的票房也是 2004 年至中超成立以来最高。

2014 年 2 月 21 日，中超联赛冠名签约仪式在北京举行，中国平安保险（集团）股份有限公司（以下简称“中国平安”）获得了 2014—2017 年中超联赛 4 年独家冠名权。

据权威机构统计，2015 年中超联赛在冬季和夏季的引援投入皆历史性地排在世界第二，仅次于英格兰足球超级联赛。

2016 赛季开始，中超联赛未来 5 年全媒体版权被体奥动力以 80 亿元的价格购买，随着转播费用的水涨船高，各家俱乐部纷纷挥舞钞票吸引大牌球员的加盟，使得中超联赛已经在巴西、英国、法国、比利时等国实现转播。

2017 赛季，虽然受到 U23 新政及外援上场新政的影响，但并不妨碍各家俱乐部继续引进大牌球员，奥斯卡、特维斯、帕托、米克尔、维特塞尔、埃尔纳内斯、伊哈洛等陆续加盟中超联赛，其中奥斯卡的转会费高达6100万欧元，一度成为中超联赛历史上引援最高价而被媒体称为“标王”。此外，中超联赛在海外转播平台已增加至20多个，覆盖范围达到96个国家和地区，其中包含英国的天空体育台，覆盖欧洲及拉丁美洲的福克斯体育台以及巴西的专业体育频道，并且海外同步直播的比赛，将由制作中心进行英文字幕添加等二次制作后，直接传输至国外各大平台播出。

2017年5月22日，2018—2022中国平安中超联赛冠名签约发布会在北京举行。中国平安宣布，将以5年10亿元继续冠名中超联赛，这样中国平安将冠名中超联赛到2022年。

二、中超外援政策的演变

2004赛季，即中超元年，中国足协规定每个俱乐部只能引进3名外援，比赛中可以同时上场2人。

2006赛季，中国足协放宽规定，每个俱乐部可以同时注册4名外援，比赛中可以同时上场3人。

2009赛季，为了配合亚足联和亚冠联赛接轨，中超在引援上制定了“4+1”政策，即每支中超俱乐部最多可以同时注册5名外援，其中至少1名为亚足联会员国的球员。比赛中可同时上场4名外援，其中至少1名为亚足联会员国的球员。最初中国香港球员被中国足协定性为亚洲外援，但在2009年5月底的中国足球会议讨论后，修改了这一规定，香港、澳门、台湾地区球员在中超、中甲联赛中被视为国内球员，不再占用亚洲外援名额。

2010赛季，中国足协制定了允许参加亚洲冠军联赛的球队注册7名外援的政策。政策出台后，国内部分俱乐部以影响公平为由强烈反对，导致该政策于不久后被废止，而河南建业成为2010赛季唯一一支享受该政策的球队。

2012 赛季，因多线作战导致伤病严重，广州恒大在赛季中提出恢复 7 名外援的“扩充外援政策”提议被通过；同时，由于除广州恒大之外的中超联赛其他球队在亚冠联赛中战绩不佳，早早出局，导致国内联赛只有广州恒大满足条件，成为当年享受“7 外援政策”的唯一一支队伍。由于在赛季中期，同时提案获得通过后，广州恒大将成为唯一一支受益的队伍，因此，提案受到国内多数俱乐部的反对，但为了鼓励广州恒大在亚冠联赛争取好成绩，中国足协职业联赛理事会仍旧通过该提案，导致“7 外援政策”存在较大的争议。

2013 赛季，由于中超联赛其他俱乐部的反对，中国足协取消了“7 外援政策”，所有俱乐部都是“4+1”名额。

2017 赛季，中国足协调整外籍球员上场规则。中超联赛上场的外籍运动员（含亚足联协会所属运动员）调整为累计 3 人次。外籍运动员（含亚足联会员协会所属运动员）注册、报名的规则和数量不变。

此外，各球队的守门员不能使用外籍球员，以及中国香港、中国澳门、中国台湾地区的球员。

小结

从中超的演变及发展历史看，当时中国足协很有雄心和眼光，为办好中国联赛积极进取。虽然外援政策有很大的变数，但现在中超联赛能在世界上有一定的影响力，中超这些外籍球员的功劳是很大的。不过，由于中超对它的企业属性认识不足，对外援群体缺乏科学的、系统的、经济性的、全球性的、公益性的看待，使中超联赛和欧洲五大联赛相比，在引进外援上存在较大的认识偏差。

第二节　中超的吸引力

中国国家男子足球队的预选赛，动辄有几亿球迷收看，有时甚至会超过欧洲全地区人口。那么，球迷是怎样看待中超的呢？

中华人民共和国成立初期，还没有完全融入国际社会，加上当时的传播媒体不发达，国人对足球运动了解不多。同时，由于中国的经济基础较为薄弱，人民的生活水平还较低，所以，国人看不到高水平的体育赛事，也没有把体育赛事当作精神类产品来消费。党的十一届三中全会后，特别是改革开放后的20世纪80年代，经济不断发展，人民生活水平不断提高；到了90年代，电视开始走入千家万户，此时，中超联赛也诞生了。那时就涌现出一批批职业联赛的球迷，当时的比赛称为甲A联赛，但夺冠与保级的疯狂程度不亚于今天，万达集团董事长王健林先生评价那时的球迷，“比今天更疯狂”。

在球迷眼中，中超有哪些吸引力呢？球员和球迷并不是亲戚朋友，球迷不仅自掏腰包，还要舟车劳顿去现场观看比赛，这是出于怎样的热情呢？为此，笔者总结了中超联赛的六大吸引力。

足球场上人头攒动

吸引力一：比赛本身的精彩性。足球比赛的对抗性、娱乐性，中间一系列的细节，会深深地吸引球迷；球员进球时球迷集体的呐喊，形成巨大的感染力，这时球迷的感受就像自己是进球的功臣一样欣喜若狂。这种群体的快乐转移到个人身上，自己作为其中的一员，确实会深受震撼。

吸引力二：球迷的参与性。我们知道，影视作品、文艺作品等都是加工后的成品，与在现场观看体育比赛相比，观看者的参与性要低得多。在体育活动的比赛现场，虽然球迷自己不是主角，但可以近距离观看，可以为球员摇旗呐喊；比赛前后，志趣相投的球迷还可以组织聚会，针对比赛进行讨论，感觉比球员还惬意。

吸引力三：比赛结果的不可预知性。这是电视剧及文艺作品所不能比拟的。当亲眼见证一场球赛出现奇迹的时候，球迷就会感觉自己成了主角，成了真正的见证者、参与者，从而感受到不一样的滋味。

吸引力四：球迷观赛的现场感。世界上有许多知名的球场，例如英国的温布利大球场，西班牙的伯纳乌球场。国内著名的体育运动场所有水立方、鸟巢等，这些场所成了球迷眼中的“圣地”。在现场观看比赛，确实让人兴奋和陶醉。

吸引力五：球迷的融入感、满足感。比赛中双方球员的忘情投入、拼搏奋斗、受伤流血，这些无不牵动着球迷的心，球迷融入其中，得到极大的参与感、满足感。

吸引力六：加深对教练、裁判、赞助商等的了解。

总之，发达的职业联赛已经成为丰富人们生活的一个载体，有精彩的内容才能吸引广大球迷的关注。

小结

由于职业联赛的故事内容丰富，观看联赛也就变成了球迷生活的一部分。如果喜欢的球队赢了，球迷会感觉到轻松快意，就像自己参与比赛一样，虽然球迷只是默默无闻的配角而已，但他们心甘情愿。

第三节　中超的优势与劣势

导读

中超不仅具有职业性，体现在选手水平较高、比赛激烈、赛事组织到位等方面，而且具有公益性，既能解决部分就业，还能带给大众归属感、自豪感和荣誉感，同时，它还具有生产性，即经营性。

中超是职业联赛，那么何谓职业呢？

职业是指参与社会分工，用专业的技能和知识创造物质或精神财富，获取合理报酬，以及丰富社会物质或精神生活的一项工作。职业是人们在社会中所从事的作为谋生手段的工作。从社会角度看，职业是劳动者获得的社会角色，劳动者为社会承担一定的义务和责任，并获得相应的报酬；从国民经济活动所需要的人力资源角度来看，职业就是不同性质、不同内容、不同形式、不同操作的专门的劳动岗位。

从职业的定义可以看出，中超职业联赛可以说是足球运动员的一项工作，即在其青壮年时，用其专业的技能，参加具有创造性的、爽心悦目的、精彩无比的、战斗式的比赛吸引球迷购买球票，并从中获取报酬。

那么，中超各球队的性质就是一个集职业性、生产性、公益性为一体的劳动部门，是能解决一部分人就业的实体企业，是能为国家创造税收，并通过取得好成绩给企业甚至国家带来财富的生产单位。

中超职业联赛的一大特性就是生产性。这是最重要的一点，也就是这项运动能给社会创造财富，能生产 GDP，而且属于无烟生产、污染较小的第三产业。中超职业联赛的生产性决定了它的就业性。从比赛上场球员到替补队员，再到为其服务的团队，均含有大量的直接的岗位职数。据欧洲五大联赛一家中等规模的俱乐部计算，其服务团队有 500~800 人之多，同时还带动了大量相关产业，例如传媒、餐饮、住宿、服装、交通运输等。

目前，中超联赛从场内到场外运作都符合生产性这一大特点。

中超联赛已经走到了国内体育产业化的前面，从单纯的体育项目推动体育产业对经济的贡献上看，完全称得上是排头兵。比如，体奥动力 2015 年通过拍卖，拟在 2016—2020 年 5 年支付 80 亿元的版权费给中超公司，这也促进了各俱乐部加大投入，母公司动辄投资几个亿，甚至上十亿元。这样看来，目前中超联赛对国内 GDP 带动值已达上千亿元，间接带动值上万亿元（其公益性给母公司带来很大的正能量，其宣传作用是巨大的，能给母公司节约巨额的企业整体形象宣传广告费，注入活力，进而推动母公司高速发展）。

中超直接或间接汇集了中国部分精英企业家、世界级球员、世界级教练以及世界级的运动康复人才，大大提高了中超联赛的竞技水平及观赏性。这无烟产业的兴旺，是正能量的“火”，这“火”使许多国内外球迷的眼球聚焦在了一起，共享中超盛宴。

虽然 2017 年中超俱乐部在引进世界级球员德甲射手奥巴梅扬的时候，奥巴梅扬对中超的评价是“不职业”。但中超在世界级足球教练的参与下“职业”了许多，这也是不争的事实。在中国具有举办超级职业联赛的基础和条件，与其他国家相比，中超具有的世界级优势是：第一，人力资源丰富，有优秀的运动员、运营俱乐部的人才、教练人才等；第二，资金优势，中超运用社会力量——大企业参与的互哺模式，让母公司愿意投入、敢投入，这种优势是一种“重型武器”；第三，市场规模大的优势，正在崛起的中国市场，其能量难以估量。新闻曾报道过“三张”留洋的事，即张稀哲、张呈栋、张玉宁因到欧洲五大联赛的西甲、德甲踢球而受到奚落，其俱乐部总有人说是为了中国市场，西方媒体也这样报道。这是多么伤国人的自尊啊，但是不要怕，这一巨大市场被他们看中也是好事。

那么，中超的劣势在哪里呢？在每个球迷的心中可能都有不同的答案，笔者在这里只谈两点。

劣势一：由于国足队员目前基本上来自中超，国家队成绩不佳，因此无法反哺国内联赛。不少球迷认为，中国足协重视国家队成绩，轻视职业足球俱乐部的成绩。比如，广州恒大足球俱乐部获得亚洲冠军，国人很是兴奋，当时的媒体也主要都是宣传俱乐部，人们普遍认为只是俱乐部的功劳。在这一点上，笔者要为中国足协说句公道话，没有他们 20 多年的探索，没有他们的调节调度，也不可能有广州恒大足球俱乐部今天的成功。国家队成绩和俱乐部成绩要分开来看，两者都重要，两者都是政绩。不仅要分开来看，还要分开考核，不能捆绑在一起。这犹如我国的乒乓球，除了要单打冠军，也要双打、团体冠军，国内的俱乐部代表中国参加亚冠时，同样要升国旗，奏国歌，因为它代表中国。对于球迷来说，俱乐部国际比赛的胜利给他们带来的愉悦感与国家队胜利带来的愉悦感是一样的。国家队与俱乐部的所有权归属是有区别的，但在国家荣誉面前就不分彼此了。代表中国的球队在参加洲际比赛、国际比赛时，一样会受到球迷追捧。

劣势二：近 14 亿中国人里没有一定数量的世界级足球运动员，中超还没有培养出世界级球员。这是目前我们国家队成绩不好的重要原因，也是中超联赛的短板。

从发达国家的经济、体育、文化发展历程来看，经济发展与职业体育发展是同步的。中国足球的这两大劣势确实是我们的痛处。

小结

1. 要重视中超的生产性，更要引导好。

2. 发展好中超，扬优避劣，让中超彰显中国体育文化的软实力。

第四节 中超的“眼球经济”

导读

经济的发展、人民生活水平的提高、传媒的发达，增加了消费者精神文化需求的宽度。世界上重大的新闻事件吸引了全球大众的注意力，这些事件有时也能为发生地带来经济收益，但这些事件带有不可预知性，且零星地发生于世界各地，其内容引起的关注度不可控，这就很难转换成持续的具有正能量的社会经济成果。

而世界性的体育文化活动，它能够使大众产生可持续的关注度，聪明的商人把这种关注度转化成了钞票，也就成了新媒体及新兴 IT 业所称的“眼球经济”。

体奥动力已把中超版权成功地卖到了海外，国外球迷通过观赏这一体育赛事不仅可以了解中超，了解在中超的世界级球员，也可以了解中国。中外体育文化交流有了新的载体，有了新的媒介，有了新的平台。

中超有着巨大的“眼球经济”特质，如果引导得好，可以利用其为国家经济服务。

中超联赛 2015 赛季、2016 赛季确实好看，就连足球发达国家的球迷也觉得有一定的看头。这让中国的“眼球经济”也逐渐走向世界。

那么，什么是“眼球经济”呢？

“眼球经济”就是依靠吸引公众注意力获取经济收益的一种经济活动，也称“注意力经济”。在现代强大的多媒体推波助澜之下，“眼球经济”比以往任何时候都要活跃。电视需要“眼球”，只有收视率才能保证电视台的经济利益；杂志需要“眼球”，发行量是杂志社的经济命根；网站更需要“眼球”，点击率是网站价值的集中体现。

“注意力经济”是IT行业的著名论断，是随着互联网的发展而产生的。这一概念是由美国一篇题为《注意力购买者》的文章提出的：“获得注意力就是获得一种持久的财富。在新经济下，这种形式的财富使你在获取任何东西时都能处于优先的位置。财富能够延续，有时还能累加，这就是我们所谓的财产。因此，在新经济下，注意力本身就是财富。”

在网络时代，注意力之所以重要，是由于它可以优化社会资源配置，也可以使网络商获得巨大的利益，注意力已成为一种可以交易的商品，这就是注意力的商品化。注意力作为个体资源虽然是有限的，但如果从全社会角度看，它又是非常丰富的，而且其再生成本几乎可以忽略不计，从而引发的经济效益具有倍增的乘数效应。这就是为什么网络的点击率（访问量）、网民数往往比利润更受风险投资者的重视。点击率能够帮助我们破译注意力“密码”，从而准确地把握市场走向。在这里，注意力是第一位的，利润反居次要地位。在网络时代，没有注意力就没有利润，而没有利润的企业最终会失败。

在中超联赛上，“眼球经济”也被许多中国企业精英所看重，他们通过俱乐部来为企业形象代言，吸引更多的“眼球”，为母公司进行宣传展示，从而招揽到更多的商机。

小结

1. 中超不仅吸引了国内球迷的关注，一度也吸引了世界球迷的目光。这就给我们创造了另外一个宣传平台，应用好这个平台，将带动我国实体经济的发展。

2. 目前，体奥动力把中超版权成功地卖到了国外，使这一“眼球经济”有了独特的成功模式。

第五节　中超的十大社会功能

中超有十大超强的社会功能。球员的球技是能参与这一项运动的基础，围绕球队间竞技综合活动的开展将带来系列社会效应。

中超有哪些社会功能呢？笔者目前只能从新闻报道中了解一些相关信息，还没有收集到权威的资料。根据笔者的理解，总结出十大功能。

第一大功能：中超能解决就业。中超能缓解国内就业压力，使人尽其才，让优秀的教练员能派上大用场，让有足球天赋的年轻人有光明的就业前景。

这一点具有很强的公益性。中超许多足球运动员从小就进行足球训练，虽然和国际一流的足球运动员相比，他们的球技可能有所欠缺，但在国内，他们是有特殊技能的人才。年轻时，许多球员以此为谋生手段；退役后，许多球员或成为足球教练，或成为学校的体育教师，职业足球联赛的经历又给他们增加了谋生的筹码，而且可以发挥其特长。在这一点上，国内球员郜林曾经说过，“没有想到现在还能靠踢足球养家。”球员哈木江原是新疆的一名体育老师，后来走上职业足球之路。因此，职业足球不仅增加了就业机会，而且使球员的足球天赋和才华能够充分施展出来。

第二大功能：中超带动全民健身运动。由于观看了职业足球赛，激起了人类本能的强烈的活动欲望，这样有助于带动国人强身健体。在球场上奔跑的球员生龙活虎、活力四射，其运动美感吸引了国内数以亿计的热爱运动的球迷参与健身运动，掀起国民强身健体的热潮。

第三大功能：中超给国内球迷提供了体育文化大餐。有了世界级球员，中超的竞争力被激活，特别是恒大两次获得亚冠联赛冠军，在世俱杯上，广州恒大先后掀翻非洲冠军埃及阿赫利队、中北美洲冠军墨西哥美洲队，使得中国广大球迷又把目光投向了国内足球俱乐部的赛事，也就是中超联赛。

第四大功能：成熟的中超为国家队培养人才。在这一点上，足球发达国家，特别是欧洲五大联赛所属的英国、法国、意大利、德国、西班牙，他们隐性放开外援的政策，即承认双重国籍，实际放开外援幅度较大，也为其培养了高水平的国家队球员，欧洲五大联赛的国家，都有一定数量的世界级球员，保证了其国家队的成绩。

第五大功能：中超能带动国内足球产业的发展。当然，中超职业联赛有中国独有的特点，有自己成功的模式。中超各俱乐部若不计其对母公司的效益支持以及社会公益性的宣传价值，只靠俱乐部自身的赛事循环产生不了盈利。中超大多数足球俱乐部要靠自己背后的母公司“输血”。俱乐部只能当母公司宣传的先遣队，或冲锋在前的敢死队，母公司根本不指望其能盈利。从中超各俱乐部的表象来看，足球是“烧钱”的产业，但中超对中国体育产业的带动作用是非常明显的。

第六大功能：中超能直接和间接地给国家创造税收。球队球员之间转进转出的转会买卖、工资中的个人所得税、俱乐部的转让收益、门票销售、广告投入及其带动的体育系列用品销售，无不是给国家贡献着实实在在的税收。

第七大功能：中超推动国内实体企业进一步发展。中超各球队推动了母公司的发展，在这一点上，从各大企业投资中超后电视直播、新闻报道所产生的效应看，其价值实在是可观。其中较为典型的是广州恒大集团，其成长速度令人惊叹。在中超，足球俱乐部为其母公司所做的无偿宣传而形成的商誉是拿钱买不到的。

第八大功能：运作得好，中超能把世界级足球人才的潜力充分挖掘出来，可生产，可保值、增值。俱乐部得利，也就是企业得利。随着世界范围内的量化宽松政策的出台，人才保值增值将会变得更容易。2017 年夏天，法国巴黎圣日耳曼俱乐部直接付给西班牙巴萨俱乐部 2.2 亿欧元的违约金，引进了世界级球员内马尔；广州恒大俱乐部一度把保利尼奥卖到西班牙巴萨俱乐部，中超也开了卖出球员获得高盈利的先河。当然保利尼奥只是中超个案，不过如果运作得好，这等好事会越来越多。

第九大功能：中超能促进现代经济社会不同行业的发展。中超除了促进传统产业发展外，还能带动相关的一些新兴产业。例如，直播

媒体中，有电视台直播、网络直播，现在还有手机客户端直播、车载移动网络直播等。

第十大功能：中超在显性或隐性地向世界宣传中国。

综合来看，中超具有很强的经营性和公益性，这两大特性如一个硬币的两个面，这是中超职业联赛重要的特点，这两大特点将贯穿本书篇章的始末。

小结

1. 中超联赛的发展已具有一定的规模，拥有极强的社会功能。

2. 中超强大的社会功能应该引起社会的重视。它的社会功能涉及经贸、财政、教育、税收、外宣、外联等领域。

第二章　中超球员与教练员的定位

第一节　国内球员与教练员的定位

导读

国内优质球员身价节节上涨，球迷只看到了表象，没有做深层次的定位分析，这些俱乐部的母公司是如美女买珠宝，只为了炫耀才花大价钱买他们吗？

我们该如何定位中超联赛中的国内球员与教练员呢？这就要从中超联赛的经营性谈起。

中超联赛具有生产性，而且是无烟生产，能给广大球迷奉献一场场可消费的赛事。如果到现场，你得花钱看比赛，或在家看电视，或在电脑上观看，或通过手机客户端观看，也有买单人，俱乐部总有办法创收，比如广告回报、直播版权收入，等等。母公司投入后，球赛的系列活动也可以对母公司整体形象进行免费宣传，促进了主营产品的销售。

那么，笔者的定位是，国内球员和教练员是中超联赛制造的生产资料、原材料，是联赛制造不可或缺的部件。其以球员为原料生产制造有经济含量的比赛，而教练员就是打磨这些球员的工匠。

就目前的中超而言，国内球员有不少优点，但也存在很多缺点。

缺点一：国内球员被替代性强。对于中超联赛制造来说，国内球员目前并不是世界上最好的生产资料，在世界上可替代性较强。如果把中超联赛制造比喻为宝石加工的话，国内球员不是顽石，而是有一定硬度的石头，介于宝石和顽石之间。目前国内球员尽管在俱乐部比赛中已经拿过亚洲冠军，但由于国足成绩不好受到拖累，在亚洲范围内能称得上一流球员的数量不多。中国国家队不能冲出亚洲参加世界大赛，表明中国队没有参与世界大赛的能力。因此，和世界级球员相比，国内球员还不能算是中超联赛制造最好的生产资料，所以要引进外援。有了世界级外援，就如一辆国产汽车加装了宝马的发动机，才能跑得更快。

缺点二：国内球员溢价太高。国内球员作为生产资料、原材料，他们得到的回报和国内其他行业相比很优厚，感觉质与价有些不对等。由于足球赛事的特殊性，即依靠团队的力量，虽有外援限制，但只要有世界级外援这种高质量、高性能的原材料参与，一样能生产出高质量的联赛产品，有了世界级外援这些明珠，国内球员这些装饰性的

“盒子”也比普通盒子要值钱了。另一方面，培养足球运动员是需要时间的，当中国足球整体陷入低谷时，坚守者越来越少，一段时间后，会造成中国优质球员资源稀缺，而中超的部分球队被产业资本相中得到大投入反哺后，这些坚守的稀缺的国内球员最后成了“香饽饽”，球员也就得到了高收益。

足球运动能生产 GDP，同样也要遵循市场经济规律，国内球员溢价太高的现象是由当前足球市场供需不平衡决定的，加之中超没有完全放开外援，没有外部调节，从而使国内球员获得了高收益。这种现象虽然受到社会舆论的批评，但是，这也比较符合市场原则下供需矛盾的转换定律。

缺点三：中国球员内战表现出色，在外援带动下，每轮联赛总有几场球踢得很精彩，但掩盖不了国内联赛的竞技质量还不高的现实，也掩盖不了国内球员的真实水平。球员的竞技水平与他们的状态有关，国内优秀球员状态好的时候也能够发挥出色，踢出精彩的比赛，只是这种状态与世界级优秀球员相比，持续时间短，稳定性较差。

许多欧洲人认为黄种人踢不好球，那是一种错误的观点。黄种人一样能踢好足球，目前日本、韩国的球员在欧洲五大联赛有多位主力球员，这便是明证。足球比赛速度很重要，中国球员也有潜力，综合素质并不差。当看到苏炳添 100 米跑进 10 秒大关的逆天表现时，人们惊呆了。2018 年年初，苏炳添更是刷新室内 60 米亚洲纪录，成为这个项目世界上跑得最快的人。这说明黄种人也有速度，并不亚于其他肤色人种。就目前而言，中国球员和世界级球员相比，差距主要在于竞技水平较低，中国球员只要突破这一重要的瓶颈，笔者相信，中国也一定能出世界级球员，但前提是，中超要把队伍拿到世界大赛上检验和磨炼。

缺点四：部分国内球员没有世界性眼光。中超球员、国足队员要想赶超世界级球员，要想在洲际比赛或国家队的比赛中把自己的潜能发挥出来，没有残酷的、激烈的、竞争性的比赛锻炼，只是自娱自乐是不行的。国内球员需要更多地走出去，学习一些足球强国和优秀俱乐部的先进足球理念，多与世界各地的球队切磋，提高自己的足球技能。

说完球员，再来谈一谈中超的教练员。

中国教练员在中超联赛制造、中超GDP生产中，是对球员这种生产资料、原材料打磨使用的工作者，也是一种职业选项。但由于“国产”教练经常考虑的是“国产”级球员的能力、水平、特点，没有对世界级球员这类生产资料、原材料近距离观察过，没有直接的使用经验，更没有深入研究的机会，所以，在外战上也无太多心得。大多数“国产”教练的执教如医学界科学家对小白鼠的试验，没有真正用到人体实践上，从而缺乏实战经验。所以，中国教练对洲际级、国际级比赛缺乏应变能力，成绩不佳也情有可原。这就要靠我们放开外援引进政策，要让“国产”教练也具备组合世界上最好的生产资料、原材料的能力，并有运用它们的能力，进而提高应变能力。我们要有世界性的眼光，把中国教练放到世界的舞台上去锤炼，这样才能使中国教练员的执教水平得到提升。

在这一点上，曾在中超执教过的韩国教练员崔龙洙就很有眼光，他在江苏苏宁执教时说，通过中超，他对世界一流球员有了新的认知，中超让他近距离了解了拉米雷斯等世界级球员，并明白该怎么使用他们，同时，对于中超其他队的世界级一流球员该怎么应对，中超的其他的世界级教练怎么使用世界级球员，崔龙洙也有很深的体会。

中国要培养出世界级足球教练，还有很长的路要走。

小结

球员是中超联赛制造、中超GDP的生产资料和原材料，教练员是这些资源的使用者、打磨者，是工匠，他们肩负着振兴中国足球的重任，在中国体育产业发展中发挥着重要作用，但都要通过科学的方法克服其自身在目前所存在的缺点。

第二节 外援与外教在中超的定位

导读

目前，对于高薪聘请的外教团队，从俱乐部管理层到球迷都比较认可，但部分球迷对世界级球员的到来却感到困惑，不认可，时有批评之声。这又是为什么呢？

在经济活动中，企业在购进生产资料、原材料时，如果同质同价，一般是遵循就近原则。但有时为了维持高质量生产，或为获得高额利润，即使路途再远、价格再高，企业也要想尽一切办法购进。

目前，中超联赛涌入了大量的外教和外援。他们中有很大一部分人的名字在世界上都是响当当的。

中超各球队引进的世界级教练和球员同样是俱乐部的生产资料、原材料，而且他们是世界足球制造的高端生产资料、原材料，他们是国内稀缺的，甚至是国内没有的优质生产资料、原材料。对于他们来说，不来中超联赛，经济上或有所损失，但如果继续在高水平的联赛执教或踢球，他们会得到更大的锻炼，他们的才华会更大程度地被激活，更能体现他们的价值。而对于中超联赛来说，如果没有他们，那就如王冠上没有了明珠，中超将会失去夺目的星辉。没有这些世界级教练和球员的参与，仅靠中超的国内教练、球员，要想中超联赛制造走出国门，把中超版权卖到世界其他国家，目前来看不是不行，而是要大打折扣。

曾先后驻足主超的世界级教练包括：意大利大师级名帅里皮、卡佩罗，在欧洲都有一定名气的已经离开中超的少帅——葡萄牙人博阿斯，执教资历显赫的老帅西班牙人曼萨诺、巴西人斯科拉里，从鲁能离任的德国名帅马加特，在广州富力执教时间最长的塞尔维亚人斯托伊科维奇，河北华夏幸福的智利名帅佩莱格里尼，广州恒大的意大利少帅卡纳瓦罗，等等。抛开他人不说，我们单来看看里皮教练辉煌的过去——意甲冠军、欧冠冠军、欧洲杯冠军、世界杯冠军……其大师级的调教能力和在全世界的威望，曾让中超联赛增色不少。里皮的到来吸引了大批世界级教练来到中国，为中超联赛的一度辉煌立下了汗马功劳。在近十年来，还有许许多多的外教都曾在中超联赛里当过“工匠”，中超联赛的版权能卖向海外，特别要感谢他们。

那么外援呢？中超有很多在世界上名头都曾叫得响的球员，像阿内尔卡、德罗巴、奥斯卡、胡尔克，以及阿根廷人特维斯（不要因为他在中超没有成功而论他本人的失败——这是中超联赛制造走向世界的必经阶段——总会有引援失败者——欧洲大俱乐部引进球员失败案例更多），还有参加过 2014 年世界杯决赛的阿根廷籍球员拉维奇、马斯切拉诺，曾入选过意大利国家队的山东鲁能前锋佩莱，入选过巴西国家队的塔尔德利、奥古斯托、保利尼奥，等等。他们都曾是或现在还是世界足球界一流的明星。他们的到来不仅促进了中超联赛的发展，也能带动其他行业的世界级人才加盟。中国能给他们提供高薪的平台，能够提供给他们施展才华、实现抱负的大舞台。

对于这些世界级人才，按照市场经济发展规律，就应该按他们的身份定价吸引他们，而且应该珍惜他们。我们制定的政策要挖掘他们最大的价值，不能让他们觉得寒心，让他们觉得不职业和不按市场规

律办事，避免他们向世界发出不友好的声音。由此，必须认清以下四个事实：

第一，别让世界级、大师级教练来做“无米之炊”。中超不能让世界级工匠“无米下锅”，他们手下不能没有国内的优秀球员，更不能没有世界级的优秀球员。中超没有他们，就生产不出中超的世界级体育“大片”，限制外援会让中超在世界足球制造上被淘汰掉，因为目前中超的国内球员还支撑不起这一大产业，“国产”球员还没有能力让中超成为世界级“工厂”，我们缺乏这方面的世界级人才，只能引进世界级强力外援来弥补我们的短板，如果不能给中超制造提供最好的生产资料、原材料，就是对这些工匠级教练人才的浪费。

第二，中超联赛制造用世界足球联赛剩余的边角废料或是残值（如过气球员），很难生产出世界一流的无烟联赛及 GDP，更不能持续吸引世界球迷的眼球。一方面，世界级球员是成熟的高端人才，不仅会保值，同时也考验中超经营者的智慧，如慧眼识珠挖到潜力大者，还会升值。但 2017 中超新政让投资者和有抱负的企业精英们傻了眼。新政限制了俱乐部的引援发挥，使得中超买不来世界上最好的原材料，这也降低了中超 GDP 的含金量。另一方面，通过中超，可以让世界人民知道，中国制造产业汇集了世界上优秀的人才，能制造出世界一流的产品。中超要让他们知道，中国是世界一流人才的汇集地，能够吸引世界级的一流人才来制造世界一流的产品。中国要从足球制造开始，让世界人民觉得“中国制造”物有所值。因为世界级人才制造出来的产品是高含金量的，也是可高溢价的高端产品。中超通过使用世界一流球员这种方式告诉世界，我们是可以的，从而间接吸引世界一流人才到中国参与各个领域的生产制造，从而改变世人对“中国制造”的看法。

第三，这些优质世界级球员的生产资料属性，欧洲五大联赛的制造者最清楚，这些球员也是他们争夺的对象。意甲近期就因为其母公司购买力下降而成绩日趋下滑，现有中资企业加盟后才略有起色。法甲 2017 年引进内马尔时，所交的违约金达 2. 2 亿欧元，他们却连眼睛都不眨一下。中超若要参与世界级竞争，就需要引进不同类型的外援人才，如此才能提高中超联赛的观赏性，才能促进中国足球人才的成长。打个比方，海尔、格力这些中资大企业是纳税大户，这些企业生产出了世界一流的冰箱、空调等产品，如果生产所需的国内原料不行，肯定得用世界级原料，得向世界其他国家采购，那么限制购进这些原材料就是不明智的。足球联赛只有世界级人才参演，才能制作出好节目，讲出精彩故事，制造出体育精品。

第四，国内部分球迷没有以整体经济的眼光看待中超，没有认清或没有全面认识这些外籍教练、球员的作用。中超联赛的健康发展离不开外援和外教。外援有助于提升中国球员的竞技水平，特别是通过大赛锻炼，如亚洲冠军联赛级别的重要比赛，中国球员的潜力才能被最大限度地挖掘出来。外援价格取决于国际市场的行情。由于中超联赛竞争不激烈，加之球员对竞技水平提升的期望较高，所以目前中超

要溢价才能得到高水平的外援是合理的。这些世界级球员就是我们打造的“中超联赛制造”这顶皇冠上的那些明珠。当然，外援价格高，国内球员也应该理解，因为这些世界级球员能带动他们的竞技水平得到大幅提升。若能把梅西、C 罗、莱万多夫斯基、科斯塔、奥巴梅扬、内马尔等球员在他们的黄金年龄吸引到中超来，那我们就相当于得到了世界足球的明珠。中超联赛制造需要他们，中超 GDP 生产需要他们，中国向世界的宣传需要他们，“中国制造”的销售需要他们。世界级的中超是世界一流的人才共同制造出来的，届时，如果我们的版权能对外卖出更高的价格，中超引进世界级球员所花费的人民币也会用美元、欧元、英镑加倍地收回，那么，中超就成功了。

国内的球员与教练员、国外的优质教练与世界级球员，组成了中超联赛的赛事制造者，他们都是这一项事业的人才，而且是国内最高级别联赛的优质人才。从联赛制造层面而言，他们都是优质的生产资料、原材料。中超如果没有世界上最好的球员参与竞争，中国球员就会成为井底之蛙，也就不可能成长为世界级球员。只有与世界级人才同场竞技，中国球员才会有被淘汰的危机感，才会积极参与竞争，其天赋才会被激发出来，中国也会因此造就一批世界级球员。中国球员有这个潜能，我们要相信他们。

就如中国加入WTO，竞争激烈了，我们的企业反而生存得更好一样。

国内球员与外援竞争符合优胜劣汰的社会发展规律。中超有必要大量引进优质的外援，外援政策应该放得更开一些，联赛机制应该制订得更科学一些，如此，中超就一定能培养出世界级球员为国家队服务。

小结

国内球迷要充分认识世界一流的外籍教练、球员的生产资料属性和原材料属性。他们是国内稀缺甚至没有的资源。

第三节　古人千金买马骨的联想

古有涓人千金买马骨，今有上海绿地申花高薪引进特维斯。

中超各俱乐部在经营过程中，可谓是求才若渴。在足球人才的引进上，他们都有自己的一套机制，也有自己成功的案例。

在人才认知方面，中国古人就很睿智。在人才引进上，不仅有大家耳熟能详的三国时期刘备的“三顾茅庐”，还有千金买马骨的故事。

古人认为，得一人才，就如得一千里马。这个故事最早出自《战国策》，当时燕昭王想要招纳贤才，他身边的一个谋士郭隗就给他讲了这个故事。郭隗谦虚地把自己比喻成死马，告诉燕昭王如果能对自己这样一般水平的人都加以礼遇，那么很快就会有贤才来投奔。

郭隗所讲的故事是这样的，从前，有个喜欢马的国君，想用千金高价征购千里马。过了三年，仍没有一点儿收获。这时，宫里一个职位低下的小侍臣（涓人）竟然自告奋勇:“请您把这个差事交给我吧！”国君点头同意。不到三个月，这个人果然找到了一匹日行千里的良马，可是当他要买马时，这匹千里马却死了。他思虑了一会儿，仍然决定花费五百金将死马的尸骨买了回来。他带着千里马的尸骨回宫向国君复命，国君见是马的尸骨，非常生气，怒斥道：“我要的是活马，你买这死马回来有什么用，不是白费五百金吗？”侍臣笑道:“请国君息怒，金不是白费的。一匹死马国君都愿意高价买了，这消息传开，人们都会相信国君是真心喜爱良马，而且说话算话。这样，一定有人会自己上门献马。”不出一年，有三个人主动来献马，国君果真得到了三匹千里马。

虽然这只是一个故事，说明的道理也浅显易懂，却是真知灼见。如果要把中超发展成中国体育产业的排头兵，就要有“千金买马骨”的牺牲精神，不惜一切代价吸引世界级足球教练、球员人才加盟。

小结

认清来中超的世界级球员、教练员这些“活马”的价值，对发展中超联赛大有帮助，就如曾经的意大利甲级联赛，把中超联赛办成世界级甚至是“东方小世界杯”，很有必要。

第三章　中超联赛 GDP

第一节　什么是中超联赛 GDP

导读

中超能生产无烟 GDP，这在目前的国内球迷群体中还没有形成广泛的共识。

GDP，即国内生产总值，是指一个国家（或地区）所有常住单位在一定时期内生产的全部最终产品和服务价值的总和，常被认为是衡量一个国家（或地区）经济状况的指标。

中超联赛制造能生产 GDP 吗?

中超是职业联赛，它解决了球员的就业，球员及相关从业人员获得了报酬，可养家糊口。大多数球员把足球看作是一项终生事业，其人生的最大愿望就是获得各类冠军，包括联赛冠军、洲际冠军、世界冠军。冠军就是荣誉，冠军就是职业球员积极拼搏、努力进取的动力，冠军是球员事业的顶点。球员在场下努力训练，在场上拼搏进取，流汗流血，夺取冠军，从而给俱乐部和社会创造有形和无形的财富，使俱乐部企业产生持续经营的能力，也就意味着生产了GDP。

对于球迷来说，花钱消费得到休闲，还得到了和球迷朋友们聚会的机会，同时，为了支持自己喜爱的球队从而到客场助威，也获得了旅行所带来的精神享受。这些活动不仅贡献了GDP，而且是实实在在的、高质量的、无烟的GDP。

就目前来说，中超联赛已经在世界上产生了一定的影响，并且有着极强的生产性，笔者在这里将其命名为“中超联赛制造”，其产值也就是笔者所称的中超联赛GDP。

中超联赛制造的是服务型的市场价值（其母公司也有第二产业），在国民经济分类中属于第三产业。

中超联赛制造的GDP有五大内涵。

内涵一：围绕赛事建设俱乐部而产生交易及出售的服务价值。GDP是用最终产品和服务来计量的，即最终产品和服务在该时期的最终出售价格。一般根据产品的实际用途，可以将其分为中间产品和最终产品。中超联赛制造的中间产品包括球员的买卖。尽管现在国内球员价格虚高，但他们之间的交易会给国家创造大量的税收，这是不争的事实。只要俱乐部之间的资金在流动，企业就不会是死水一潭，这种现象就会刺激经济的发展。其球场建设以及球队所雇佣的庞大的后勤服务人员，都会在 GDP 上体现出来。

从经济学角度来看，所谓最终产品是指在一定时期内生产的可供人们直接消费或者使用的物品和服务。这部分产品已经到达生产的最后阶段，不能再作为原料或半成品投入其他产品和劳务的生产过程中去，如消费品、资本品等，一般在最终消费品市场上进行销售。中间产品是指企业为了再加工，用于其他产品生产使用的物品和劳务的部件，如原材料、燃料等。GDP 必须按当期最终产品计算，中间产品不能计入，否则会造成重复计算。中超联赛制造有着第三产业的特殊性，它的最终产品如门票，只是足球赛事收入中的很小的一部分，此外还有电视转播、服装销售、配套赛事的交通、通信等。这是一个体育航空母舰，它们的经济价值就是为国家创造税收。

内涵二：近期、远期价值均有 GDP 内涵。GDP 是一个市场价值的概念。各种最终产品的市场价值都是在市场上达成交换的价值，通过市场交换体现出来，都是用货币来衡量的。一种产品的市场价值就是用这种最终产品的单价与产量相乘获得的。从近期价值看，中超联赛制造中，足球俱乐部给母公司以间接性推动，使一场赛事的价值比本身的门票销售要高很多倍。从远期价值看，特别是利用足球赛事的公益宣传，对国内外球迷造成深远影响，一些精彩的比赛甚至会影响他们一生，让他们一辈子铭记在心。

内涵三：直接计算出来的价值小。GDP 一般仅指市场活动产生的价值。据报道，2016 年中超各足球俱乐部的产值只有 70 亿元，这其中并没有计算给各俱乐部母公司间接做出的贡献。

内涵四：重复计价多。GDP 是计算期内生产的最终产品价值，因而是流量而不是存量。如果一些有实力的企业把资金存在自己的账户里，是产生不了 GDP 的。要感谢那些敢于投入的企业，它们激活了中超联赛，使中超赛事活了起来，资金也活了起来。这主要体现在球员交易上，比如中超球队向中甲、中乙联赛的俱乐部购买球员，可能就会使一些小俱乐部得以重生，但如果我们仅把这一交易体现在赛事门票上来计算 GDP，就不科学了，因为它对于卖出方是实现了球员的转移价值的，也会使中甲、中乙球队得以持续经营。

内涵五：中超也有一小部分外援能保值增值。GDP 不是实实在在流通的财富，它只是用标准的货币平均值来表示财富的多少，但是生产出来的东西能不能完全转化成流通的财富，再实现财富的聚集，是不一定的。这一点体现在世界级球员的引进和流出上，如广州恒大的保利尼奥，上港的奥斯卡、胡尔克等，用好这些人，不仅能保值，还能增值。现在，用以前的价格可能已经买不来与他们相同水平的外援了。

小结

1. 中国以经济建设为中心，而中超联赛具有超强的 GDP 制造功能，属于市场经济中的无烟产业。

2. 中国的企业巨头正在向世界级一流球员发出邀请，他们是中超联赛制造的高端生产资料、原材料。

第二节　中超是球迷的精神消费品

球迷是怎么形成的，他们看中了比赛的什么价值呢？

中超联赛制造属于第三产业，它创造了很高的经济和社会价值。中超有很强的经营性——能制造无烟 GDP，中超还有很强的公益性——解决就业，通过足球向世界宣传中国，等等。

随着人民生活水平的提高，中超实际上也演变成了中国球迷的精神消费品。

中国的球迷是怎么庞大起来的呢？

中国的球迷形成原因比较复杂。有一部分是从小就踢足球而成为球迷，还有的是亲戚朋友从事过相关工作而受影响成为球迷，当然，更多的人是从看热闹开始，后来逐渐爱上了这一运动。例如，中国球迷有很多是国际足联世界杯这一赛事培养出来的。通过观赏世界杯足球赛事，看球员的激情表演，看教练员的激情指挥，听解说员的煽情解说，听球员、教练员拼搏奋斗的精彩故事，中国观众获得的愉悦感和世界其他国家球迷是相同的，于是逐渐爱上了它，进而中国也就有了大批的足球爱好者。他们喜欢足球这项运动，热爱这项体育事业，当世界杯在欧洲举办的时候，中国的球迷可能会通宵达旦守在电视机前，欣赏一场精彩的足球盛宴。当世界杯结束后，很多球迷的眼球也就转移到了欧洲五大联赛，因为参加世界杯的那些球员大多数会在这些联赛中继续踢球。

此后，由于中国职业足球联赛的出现，又把喜欢这项运动的中国球迷的眼球拉回到国内，他们开始关注起身边的职业联赛。

如果当地有一支足球队，最好是国内顶级的职业联赛队伍，球迷就会利用周末的闲暇去现场观看比赛。比赛结束后回到家中，或是泡杯热茶，坐在沙发上和家人侃球，或是和朋友聚在一起聊球，不然会如北京球迷所说，不看中超球赛，不看国安的比赛就落伍了，会认为自己没有融入当地的城市生活。也有的是因为自己喜欢的某位球员来到某支球队，就顺理成章地成为这支球队的拥戴者、支持者。当然，其中也不乏带着愉悦身心和发泄情绪等目的到现场观看球赛的球迷。

球迷通常会把比赛看成生活的调剂品。当比赛踢得好看、球队成绩好的时候，球迷会被点燃热情，一边唱着歌，一边拍着手；当球队成绩下滑，或是某个喜欢的球员转会的时候，球迷会很快转移注意力，并迅速找到新的兴趣增长点。对球迷来说，他们在意的是足球，是足球比赛。

当然，国家队比赛对于中国球迷的培养也功不可没。虽然中国国家队洲际以上比赛的成绩并不好，但是，如果有国家队的比赛，还是会吸引中国广大电视观众的

注意，特别是一些年轻人。通过世界杯预选赛、奥运会选拔赛培养起来的球迷还是很多的。

中超如果不利用好自身的产业基因，就算国家队成绩好起来也不能发挥它的最大价值。没有带动产业发展，俱乐部没有世界影响力，中超就无法成为可持续的精神消费品。

足球运动和其他运动项目相比，受到广大球迷欢迎的重要原因在于它所蕴含的价值与意义。

一是球迷的参与价值。在中国，一场比赛是否有球迷参与进来，和足球俱乐部本身的地域特点紧密相关。当然，成绩也很重要。由于我国国土辽阔，各地的风俗人情文化背景迥然不同，因而造就了不同性格的民风，而这些不同的性格，也促使各个地区的俱乐部自然形成了不同的球迷文化，比如北方人的豪爽，南方人的温婉，等等。

不管是在国内，还是在国外，出于爱屋及乌之意，本地域的球队自然会受到当地人的关注。而且，由于中国群众性体育运动的参与性略有不足，突然参加这项观赏性很强的运动，整个现场的气氛让许多不是球迷的人也有了归属感。这种竞技运动的外围参与性更是感染了球迷。

二是带给球迷积极感受的价值。足球比赛具有竞技性，它能使双方的运动员充分发挥体能、心理及运动能力等方面的潜力，让球迷在双方的竞技中获得快感，获得精神上的享受。此外，球员是否谦和有礼、遵守道德、待人真诚，以及无论输赢始终保持职业的、积极的、拼搏的态度，也是球迷所关注的。

足球比赛必须在公平竞争的规则下完成，如果没有公平竞争，就不是真正的竞技体育比赛。这也成了足球的看点之一。

三是竞技观赏价值。足球赛场上的竞技，表现的是球员的技术水平和战术执行能力，表现的是人的意志和信心，表现的是人的灵感和创造，无论是第一次看球的足球爱好者，还是资深的老球迷，在看过一场激烈的足球比赛后，在身心上都一定能够得到不同程度的快乐感受。

四是足球比赛包含的团队合作价值。足球运动是一项团队运动，场上球员必须团结一致，相互配合，明确各目的责任，尽到各自的义务，才能为球迷奉献出精彩比赛的同时，唤起球迷强烈的集体认同感。

五是球队的竞技精神形成的情感支持价值。这一价值造就了球迷的倾向性。没有倾向性，也不会有球迷，更不易成为资深球迷。

六是比赛本身的激烈精彩度。在这一点上，每个球迷心中都有一杆秤，各自的理解会有所不同，而对比赛精彩程度的评价也自然不同。

总之，中超的各个俱乐部要充分认识到球迷的重要性，不断围绕球迷做文章，创造更加丰富多彩的球迷文化，这样才能促进俱乐部发展壮大，从而创造更高的社会价值。

小结

球迷关注足球比赛的内容很多。足球俱乐部不仅限于对球迷的需要做出合理引导，而球迷也不要只看国家队的成绩，这才能让足球产业大有潜力可挖。

第三节　中超俱乐部产生利润了吗

导读

国内球迷对中超各俱乐部的经营可谓操碎了心。部分球迷从目前的引援来看，对俱乐部不断用高价吸引国内球员和世界级球员的做法表示不满，认为这些俱乐部简直是败家子。事实果真如此吗？

中超各俱乐部产生利润了吗？这是球迷关注中超联赛的一大话题。下面，我们就对此做一简单分析。

利润分析一：就中超大多数的足球俱乐部子公司而言，很难盈利。中超俱乐部的商业开发和欧洲五大联赛相差太远，球迷的消费水平也不能和欧洲球迷相提并论，中超大多数俱乐部依靠球员交易、门票销售、版权回报等实现盈利仍旧是困难的。一是因为我们国内没有世界级球员，中超球队需要花高价引进外援弥补这一人才短板，俱乐部因而花了很高的成本；二是中超没有放开外援，让世界同水平或高水平

外援抑制国内球员价格虚高问题，导致球员引进收支无法平衡；三是因为中超联赛竞技质量不高而没有外援定价权，中超球队的很多外援需要溢价才能购进。这三大原因造成中超球员的生产资料价格虚高。

利润分析二：足球俱乐部背后的母公司参差不齐，大多数母公司是盈利的。如果从历史的、整体的角度来看，大部分中超俱乐部的母公司都赚钱，而且是赚大钱。单纯计算各俱乐部给母公司的企业形象宣传回报，则都是盈利的。著名的要数重庆力帆俱乐部的母公司和广州恒大足球俱乐部背后的恒大集团，他们都获利颇丰，目前是可以得到一个估算值的。

回顾中超球队的盈利史，甲 A 时代的大连万达、大连实德的转让，从当时的情况看，有甩卖的性质，就足球俱乐部本身来讲，也很难盈利；被广州恒大购买的广州太阳神队，虽然收获了 1 亿多元，但原有的太阳神队并没有给其母公司带来直接的盈利。

通过投入中国足球获得高收益比较典型的企业是重庆力帆集团。从报道看，重庆尹明善先生组建的力帆俱乐部，转让费达 5.4 亿元。依笔者的观点，这应该算是尹明善先生的全部利润。客观地分析，重庆力帆凭借足球广泛宣传了母公司的整体形象，宣传了它的品牌。不管是力帆摩托车，还是现在的力帆汽车都能从这种宣传中受益。和巨额的企业形象广告费相比，重庆力帆主要是靠这种相对投入小、收效大的足球运动来宣传企业形象，这让重庆力帆节省了巨额的企业形象宣传广告费，如果采取媒体宣传直接投放的方式，广告费的额度比投入足球运动的钱要多得多。如果把电视直播球赛的时长、各新闻报道的时长，按媒体广告费的标准折算，就会发现其数额巨大；而且投放其他媒体广告，球迷也不一定看，比不上足球运动的全年曝光率。在重庆力帆队降级时，当时的新闻效应使其曝光度进一步加强，那时的投放效果还加上了球迷的感情因素。这让纯广告投入更是难以望其项背。而且，各媒体的公益播放、宣传是没有计价的。所以在笔者看来，重庆力帆依靠足球运动宣传其摩托车和汽车产品，节约了广告费用，一度赚了大钱。现在又收获了 5 亿多元，虽然部分股权转让出去了，但是力帆还留有 10% 的股权，而且公司冠名权还保留了一年。通过足球运动这一有效的广告宣传方式，其所产生的正能量给母公司以巨大的推动力，大大节约了母公司整体形象的宣传广告费。

另一个是广州恒大集团。其董事长许家印先生智慧地利用足球这一运动项目反哺企业，在球队取得优异成绩，媒体大量宣传球队的同时恒大集团也获得了很高的曝光率，由此，为企业做了很好的形象宣传。许家印先生无疑是应用中国体育无形资产为企业做宣传的高手，其财富在几年间迅速实现增值，当然这也和他本身的经营能力和经营水平有关。广州恒大有球队的成绩做保障，因而在媒体上获得了很高的曝光率，省去了大笔的广告费用，与此相比，那点投入足球俱乐部的资金是微不足道的。广州恒大足球俱乐部的比赛在中央电视台的免费直播，就为其母公司节省了一大笔广告费，还不计算其他媒体跟踪的新闻报道价值，以及其俱乐部在国际上的影响力。这些宣传效果都是单纯投放广告所无法实现的。客观地说，正是由于许家印先生将经营企业的能力嫁接到经营中超足球俱乐部上，将集团积极向上的企业文化嫁接到足球运动拼搏进取的精神文化上，使得广州恒大足球队在足协杯、联赛、亚冠、世俱杯上取得了一系列优异的成绩，并通过媒体直播有效的宣传，使恒大集团走上了一条成功的捷径。足球的正能量提高了广告效应，产生了核裂变的宣传效果。从这一点说，是中超联赛助推许家印先生一度登上了中国个人财富榜的首位。

利润分析三：中超强大的社会功能带来了更广泛的盈利。由于有了联赛，解决了球员、教练团队的就业问题，使国内的年轻人和有足球天赋的孩子有了光明的前途——今后有可能以此为职业。有了众多的孩子来踢球，这一事业后继有人，就会对教练、场地等方面有更多的需求。一方面是俱乐部及母公司的生产型内需，另一方面是老百姓的生活消费型需要。而中超联赛吸引的世界级足球运动员，是中超联赛制造所需要的高端生产资料、原材料。在他们的带动下，当广州恒大俱乐部代表中国的俱乐部参加亚俱杯决赛时，你能说仅仅是恒大获益吗？当广州恒大在世俱杯上掀翻非洲冠军埃及阿赫利队、北美洲冠军墨西哥美洲队时，你能说只有广州恒大才有收益吗？足球运动特有的魅力吸引了世界球迷的目光，特别是青少年球迷的目光。那时的恒大足球队就代表了中国的形象，对外大大宣传了中国，也为中国企业带来了更广泛的盈利模式和盈利机会。

总之，各中超球队的收益实现方式，由于具有我国自己的特色——俱母互哺，因此有一些收益是显性的，有一些收益是隐性的。与20世纪90年代销售产品仰仗大量投放广告费不一样，对中超球队的投入具有保值、增值的功能，含金量较高。它能给中国带来隐性的GDP增长，其宣传影响甚至是不能用金钱衡量的，是无价的。

小结

1. 有一定世界影响力的中超是能够创造巨额社会效益的。

2. 中超联赛创造的价值与高能耗企业创造的价值相比，含金量要高得多。

第四节 认清中超 GDP 的前景

导读

国内球迷必须对“中超无烟足球产业”生产的 GDP 有高度的认识。只有认识清楚了，在欣赏足球比赛时才能看出别样的精彩，才能理解足球中蕴含的一些经济现象。

目前，我国经济社会发展是以经济建设为中心，因中超联赛制造能生产 GDP，符合国家体育产业振兴战略，故其前景十分广阔。

中国大企业介入中超俱乐部，懂得经营品牌的管理者觉得很值，不会运作的人觉得是打了水漂。企业怎么做广告宣传，投放多少钱，能带来多少回报，到底能产生多大的效果，这是一门大学问。

那么，现在我们是重视中超联赛 GDP 生产的经营性，还是注重国家队成绩这一公益性，牺牲联赛质量重视年轻球员的训练呢?

笔者的回答是：先注重生产中超联赛 GDP，中超联赛 GDP 生产发达了，国家队成绩自然不会差。中超专注于一时一届一个年龄段队员的训练，一时可能会做出成绩，但从长远来看，并无多大益处，这将对中超联赛制造的持续性生产造成伤害。如果将中超重要的生产性这一问题解决好，中超将更上一层楼。为此，笔者提出了三个解决方法及建议。

建议一：中超俱乐部目前看到了世界级球员在中超的生产性作用，

但全社会要统一思想，形成共识，前期要加大力度将其吸引进来，然后再重点培养当打之年的国足球员。足球运动是一项广泛的群众运动，一般足球比赛是 11 人上场，3 人替补，队员必须团结协作才能踢好一场比赛。要把 11 人拧成一根绳子，形成团队作战。11 个人的能力最好是均衡的，不然其位置有被强烈攻击的危险，弱点也将放大。11 个人在球场上形成了 11 个不同的位置，位置的合理变化，影响着比赛的流畅性。球队踢得好，会让人觉得爽心悦目；踢得不好，会让人觉得是一盘散沙。因此，一支球队最好的组合应该是 11 个人都是优秀者，目前，世界上没有哪个国家队能保证这 11 个位置的球员都是最好的，但俱乐部可以通过购买来实现。这是欧洲经济实力强大的俱乐部爱花大价钱买世界级球员的原因所在。既然这是一项广泛的群众运动，就需要有广大的社会人员参与，特别是大量的年轻人参与，才能培养出各个位置的优秀人才。国家队在一段时间内不可能把所有位置的球员都训练成世界第一，连巴西、西班牙、意大利、德国、阿根廷这样的足球强国都做不到。所以，他们用联赛这种经营性很强的方式，网罗世界一流球员来锤炼他们国内的球员，形成一种超强的正能量经营氛围，为国家服务。

建议二：中超要让喜欢踢球的孩子的父母有动力支持他们去踢球。经济基础决定上层建筑，这一点在国内家长是否愿意把小孩子送去踢球这一问题上体现得淋漓尽致。如果踢足球能有发展的机会，家长才会有动力送孩子来踢球，否则，家长是不愿意让孩子来冒险的，那么中超乃至国足就会后继无人。这就和没有一棵棵小树苗，就长不成森林是一样的道理。只有家长愿意把孩子送到球场，中国足球青训在选材上才有量的保证，才有机会找到有天赋的小球员进行培养。所以，中超要重视其 GDP 的生产，有了 GDP 生产才能给天才球员以充分的就业机会和展示机会，让其有养家糊口的能力。中超联赛的生产性自然会带动相关产业的升级换代，包括家长对小球员的输送动力。没有好的苗子是培养不出好的运动员的，更别说是世界级球员了。如果家长都不认可，觉得做球员没有出路，他们是不会让孩子去踢球的。目前有许多家长否决了孩子走上职业运动之路，是因为他们觉得一些运动员在退役后，没有其他技能，难以在社会上立足。所以，不让球员有高收入，而是“吃大锅饭”，是不会得到家长认可的。要靠社会力量的参与把这一就业“蛋糕”做大，才能解决那些喜欢踢球的孩子的出路问题。

建议三：我们要充分利用世界人力资源为讲好中超故事服务。我们拥有由世界上最为庞大的人口形成的市场，中超联赛这个无烟制造产业的前景是相当广阔的。我们要参与世界劳动分配，共享人力资源，优势互补，只有这样才能实现共赢甚至多赢。

中超俱乐部一定要使用世界上最优质的球员、教练员等生产资料、原材料，才能生产出世界一流的联赛产品，才能使俱乐部的各项产品及服务卖出最好的价格，俱乐部才有钱赚，也才有高利润。

小结

中超联赛制造这一无烟生产前景广阔，不认清的话害大于利。

第四章　中超联赛的模式探析

第一节　中超联赛的发展模式

导读

目前看来，国内理论界还没有对中国足球做深入研究，对中超模式也没有做深入细致的总结。笔者认为对中超模式进行研究很有必要，而笔者总结出来的俱母互哺模式，是否有一定的价值，供读者探讨。

现在许多人都在思考，中超联赛到底是什么模式呢?

要回答这一问题，就得从中超联赛最初创建时说起，从它的前身甲 A 联赛说起。

中国足球甲级 A 组联赛，简称甲 A 联赛或者甲 A，曾是中国足球的顶级联赛。1989 年成立时，全国只有 8 支球队，1994 年开始职业化，也就是市场化，政府已不再对大部分球队兜底。至 2003 年赛季结束后，国内职业联赛改制为中国足球超级联赛。目前，联赛已完全社会化、市场化。

在中国足球最初的职业化过程中，大连实德（大连万达）获得 7 次冠军（1994、1996、1997、1998、2000、2001、2002），上海申花获得 1 次冠军（1995），山东鲁能获得 1 次冠军（1999）。因反赌处罚，2013 年中国足协剥夺上海申花 2003 年甲 A 冠军头衔，2003 年甲 A 联赛冠军空缺。

中国足球甲级 A 组联赛最早建立于 1987 年。当年正值第六届全运会召开，中国国家男子足球队也在冲击第 24 届奥运会，中国足协借此机会进行了一系列改革，开始试行将当年的甲级联赛分为两组，即甲级 A 组和甲级 B 组进行。1987 年甲 A 联赛采取赛会双循环制进行，没有降级制度。1989 年，甲 A 联赛正式建立。此后赛制几经更改，1994 年中国足球全面推行俱乐部制，首届职业化联赛有 12 支球队参赛，采取主客场双循环赛制。1994—2000 年，甲级 A 组后两名降级为甲级 B 组。2001—2002 年为备战世界杯，取消降级制度。2004 年，甲 A 联赛改制为中国足球超级联赛。

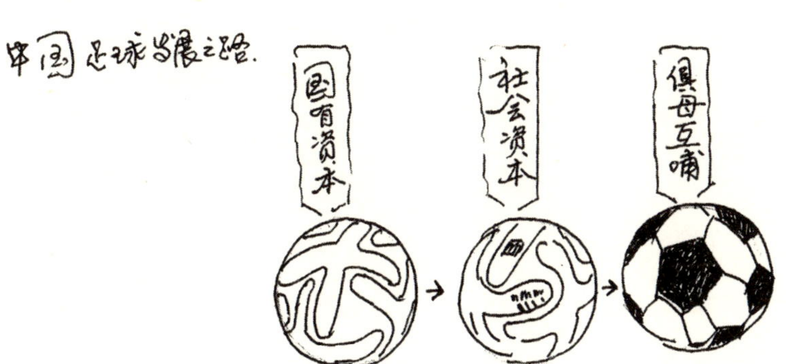

中超能走到今天，与其说是模式的变化使然，不如说是采取了正确的前进路线，成功地走了三大步。

第一步：采取财政补给或国有资本参与的试验模式。这一模式存续的时间不长。现在有些球迷在讲到中超球队时会说是在用纳税人的钱建队，确实在当初筹建时有这样的方式，那时不管是教练还是队员都很看重自己的工作身份，许多观念在现在看来是有点可笑，但在那个特殊的背景和年代是很自然的事情。这种模式从 1987 年开始，至 1993 年结束，当时还是主要靠地方体育部门出经费组队，市场化程度很低。通过这一步，中国男子职业足球联赛摸到了石头，找到了过河的门道。这一步的投入额不算大。

第二步：走社会力量参与的逐步发展模式。这一模式从 1994 年开始，至 2003 年年底结束，这一过程除了八一队以外（当然，八一队也有企业赞助），其他的球队基本都是由社会力量，即企业出资（有国有企业，也有民营企业）参与，初步实现了俱乐部公司化运作。这一阶段，就各足球俱乐部来说，是亏损的。亏损额由足球俱乐部背后的企业，也就是母公司弥补。那时甲 A 球队也参加过亚洲俱乐部比赛，但没有获得过冠军，也很少购买世界级大牌球员，在世界上没有什么影响力。这一步的投资额已有一定的规模。

第三步：推出中国超级联赛高质量的俱母互哺模式。这是中超的高速发展阶段，也算是中国职业足球迎来的第一个高潮。2004 年，中国足协为进一步提升中国职业足球竞赛水平和品牌，正式推出中超联赛。这一阶段中超有很多精彩的故事，它不仅是中国职业足球走向成功的一个缩影，而且是中国体育产业逐渐走向成功的缩影。这一阶段从扫清中超职业足球发展的障碍开始，在 2010 年广州恒大强势介入中超后，母公司在资金、外援、内援、教练、后勤的保障及奖金上，投入力度空前，使球队的竞技质量大幅度提高，球队比赛的观赏性也得以增强。广州恒大俱乐部除了获得国内诸多冠军外，还两夺亚洲冠军联赛冠军，助推联赛的世界影响力显著提高：一是俱乐部的投入影响力；二是引进球员的影响力；三是联赛版权外卖所产生的世界性影响。广州恒大的成功，使得俱母互哺这一模式得到了介入中国职业足球的企业精英们的高度认同。

总结起来，中国足球联赛走的这三大步，亦即采取了三种不同的模式：财政供养或完全国有资本参与模式，财政加社会力量的企业赞助补偿模式，公司化运作的足球俱乐部背后母公司的赞助模式（俱母互哺模式）。我们不能单独定性哪一种模式是失败或成功，这是一个逐步摸索、推进、修正、完善的进程，没有前面的探索，后面的模式不可能一步到位，即使是现在的俱母互哺模式也难言一定就会成功，仍然需要不断进化。

小结

1. 现在中超被某些足球名宿讽刺为企业联赛，这也不奇怪，世界上绝大多数成功的职业俱乐部均是公司化运作，也只有公司化运作才有持续性，这就反映了职业联赛的经营属性；同时，这也是中超在欧洲五大联赛的基础上，吸收了欧洲职业俱乐部公司化运作的优点，再适当创新摸索出来的路子。

2. 实际上，国内外的绝大多数俱乐部本身就是一个企业，不管是专业的职业俱乐部，还是业余足球俱乐部，都属于企业。只是我们需要把中超联赛制造的经济属性分析透彻，把它强大的社会功能梳理清楚，看它是否能为中国整体经济服务。如果球迷离不开它，那它就会持续稳定地发展；如果球迷都不需要它了，它也就没有了市场，发展它也就没有必要。

第二节　中超高级阶段的俱母互哺模式

导读

中超已经到了高速发展阶段，摒弃一些人为干扰因素，发扬俱母互哺这一模式，还有可能让中超成为世界级一流足球职业联赛。

什么是中超联赛制造的俱母互哺模式呢？

“俱”就是子公司足球俱乐部的缩写；“母”则是拥有强大经济实力、愿意投入足球的企业财团母公司的缩写。

这一模式就是母公司把企业的形象宣传广告费，拿来投入到相对需要大量资金的足球俱乐部，作为足球俱乐部健康成长的食粮；子公司足球俱乐部则用优异的成绩，同时依靠球赛现场、媒体直播、转播、新闻报道等对母公司进行充分的企业形象宣传来作为回报。母公司的投入资金有据可依，基本上可以量化，而子公司足球俱乐部给予母公司的形象宣传反哺，因为需要子公司足球队的竞技成绩来保证直播、转播、新闻报道等的连续曝光率，所以这一成果目前还没有能够量化。

中国的足球联赛最先采用财政供养模式运行了五六年，后来主要靠社会中坚力量，即企业的赞助，使联赛发展呈现良性态势。八一队在 2003 年降级转让给企业后，中国男子足球职业联赛就完全和财政供养机制脱了钩，俱乐部运营完全靠母公司企业的投入支持（俱乐部获得好成绩得到当地政府奖励不能算作投入）。2010 年广州恒大集团介入中超联赛后，以相对较大的投入哺养俱乐部，保证俱乐部发展的资金需要，以世界级的眼光引进球员、教练等人才，以世界级的投入建设管理经营足球俱乐部，使俱乐部成绩有了质的飞跃，获得了巨大的成功。广州恒大的成就让整个中超联赛焕发出了生机。特别是随着中国经济整体向好，中国大企业不断成长，他们也需要不断地对外宣传展示其实力和产品，展示其企业形象，进而有许多实力强大的母公司向中超俱乐部陆续注资投入，中超联赛制造也随之兴旺发达起来。

那么，俱母互哺模式的具体内容是什么呢？

俱母互哺模式就是参加中国足球职业联赛的各个俱乐部主动寻求有一定实力的国有或民营大企业参与，在其投入资金后，形成一个新的子公司职业足球俱乐部。这个子公司具有完全的法人资格。母公司获得子公司足球俱乐部的完全产权，对子公司足球俱乐部在资金、财务、人事上形成保障及控制。子公司足球俱乐部完全对母公司负责，在母公司的指导下按职业足球运动规律组队，参与一切职业性比赛等经营活动，并冠以母公司的名字，对母公司进行一系列的企业形象宣传。

社会中坚力量——大企业的参与产生了相互间的裂变正能量效应。一方面，母公司得到公益性的社会地位、企业形象等广泛回报（笔者在这里必须要强调，这项运动所形成的无形资产的实际效果，给母公司回报巨大，但一直没有确切的评估，也没有计价），体现在球赛现场的系列宣传、电视台直播球赛、相关的系列新闻报道等；另一方面，足球俱乐部得以良性参赛，相关参与人员获得比社会平均工资高很多的报酬。当然，这和他们有相对高的足球技能有关。球员也作为中超联赛制造者而体现了其生产资料、原材料属性，充分实现了他们的价值。

这些有一定实力的大企业的参与过程，实际上也是两个公司化运作的互动。一边是母公司投入完全控股形成一个新的具有独立法人资格的子公司——足球俱乐部。俱乐部得到充足的运作资金，解决了俱乐部场地、球员引进、教练团队引进、食宿、训练、参赛、生活等后勤保障问题。一边是足球俱乐部积极拼搏进取，争取获得优异成绩，从而为其母公司带来巨大的无形资产。当然，在目前的环境及经济学认知上，对此还得不到很好的确定、评估、使用（就如我国法律对名誉权、精神损害赔偿判罚上很难鉴定而不予过高认定赔偿），只是大家都觉得有潜力可挖，有很好的回报，而没有系统的理论研究给出支撑依据。不过，相较于这一无形资产带给企业的巨大回报，其投入还是比较小的。20 世纪 90 年代，花上几百万元就可投资一支球队，上千万元就觉得很了不起；2003 年改为中超联赛后，每个俱乐部投入仍旧不超过 1 亿元，实际上是相对低投入，在取得一定成绩后，却以企业形象宣传的形式高回报给了母公司。这使得更多的企业精英们喜出望外，开始大胆介入。

小结

中超的俱母互哺模式已经产生了巨大能量。这一模式是中超联赛继续做大、做强的基础，也是中超联赛制造、中超 GDP 健康发展的经营法宝。中超需要进一步发扬它的长处，使其成为中超联赛竞争力提高的有力保障。

第三节　中超俱母互哺运营模式的特点

导读

中超以其强大的社会功能，经过一系列的发展过程，形成其独有的模式。它的外延相当丰富，球迷若不了解它，实在是遗憾。

在目前，单从足球俱乐部子公司本身的赛事运营财务报表上看，大多数是亏损的。在中超，有一个现象值得注意：子公司足球俱乐部亏损得越多，投入就越大，而足球俱乐部的竞技实力相对越强，这是因为其投入的具有生产资料属性的世界级球员人才、世界级教练人才、俱乐部的后勤管理人才及后勤保障工作等均是高水准，因而保障了竞技成绩，同时母公司的输血额度就会变大。如果与母公司的主营业务嫁接得好，球队成绩越出色，越容易得到巨大的、正能量的企业形象宣传，这种宣传给母公司的反哺作用也会越大。母公司对足球俱乐部子公司的投入看似巨大，但那是一次性投入，而子公司足

球俱乐部运作得好，还能保值、增值，产生双赢甚至多赢的良好结果。

那么，中超俱母互哺运营模式有哪些特点呢？

特点一：子公司足球俱乐部具有可塑性。

按照中国足协的要求，子公司足球俱乐部需具有独立法人资格，球员的注册数、球队的基本条件应达到参加中超职业联赛的标准。唯一不足的就是俱乐部缺乏扩大再生产的能力，即在目前的中超联赛环境下，仅依靠足球俱乐部自身的造血功能，球队将没有竞争力。俱乐部没有资金，没有更好的激励机制，就没办法引进世界级球员人才、世界级教练人才、世界级的后勤服务人员等。当然，如果俱乐部本身有一批具有一流足球竞技水平的国内球员作为球队基础，这样更佳。那就是万事俱备，只欠资金东风。这时，足球俱乐部就需要找一家母公司投入巨资支持，而俱乐部的完全冠名权也由母公司无偿获得，此后，足球俱乐部在一切活动中的名字均以投资方命名出现。当然，足球俱乐部以充分宣传企业整体形象的方式反哺母公司的同时，也要与母公司步调一致，大力塑造契合母公司企业形象的俱乐部自身形象，其找到的母公司掌舵人必须睿智，母公司运营必须健康，要用营养和健康的“奶水”，使子公司得到充分哺乳，如此足球俱乐部才有竞争力，才能健康发展，使俱母互哺模式产生巨大的生产能力。不然，互哺不成，还会拖累母公司，最终两败俱伤。

特点二：母公司必须有强大的经济实力。

在俱母互哺模式中，中超俱乐部找到的母公司，经济上要有实力，经营理念充满正能量，经营嫁接能力强，遇到球队的短板舍得花钱弥补，特别是对优质外援和教练这种人才，愿意投资。

中超联赛与欧洲五大联赛一样，也需要能为俱乐部服务的各种世界级人才，包括教练、球员、助理教练、理疗师等。

体育竞技就像一场战斗，中超联赛的各个俱乐部，犹如战争中的双方，一方付出一切代价购买先进武器，另一方如不购进武器弥补短板，这场战争能赢吗？有实力的母公司，出资豪购世界级球员，用这种方式来弥补球队的短板，这也是积极拼搏进取的一种表现，无可厚非。

实际上，中国企业精英们早就看清了世界级球员是人才，是中超联赛制造、中超 GDP 的高端生产资料、原材料。中超紧缺的人才在哪里？中国足球的短板在哪里？这些企业精英都心中有数。哪天凭借我们联赛竞技质量的提升，培养出了一大批自己的世界级足球人才，那他们将首先满足中超足球俱乐部。为了国内市场的需要，母公司及俱乐部是不会寄希望于外援人才的。母公司愿意投入，让世界级球员与国内球员同场竞技，同时也是在培养国内人才。在粗放式经济时代，同类产品大打价格战就行了，而追求高质量的中超联赛制造，要想和欧洲五大联赛相竞争，其核心是人才的竞争。所以，母公司一方面要有超强的经济实力，另一方面必须要独具慧眼引进一些超级球员。

特点三：宣传时的高杠杆放大作用。

中超联赛自创的俱乐部名称版权出让，即把俱乐部的冠名及俱乐部的产权，完全转让给了母公司，由母公司任意开发使用。若母公司嫁接得好，子公司足球俱乐部对母公司的巨大反哺，会让聪明的投资人获得巨额的隐性企业形象宣传回报。

中超的国内市场巨大，球迷群体比五大联赛所属德国、英国、法国、意大利、西班牙球迷人数的总和还多，这是欧洲五大联赛所不具备的优势。这项运动积极拼搏进取的团队文化精神，能够与母公司的企业文化有效嫁接。子公司足球俱乐部竞技成绩好的时候，通过带有公益性的直播及新闻报道，对母公司的企业形象进行对外宣传，这种形式的广告宣传具有高杠杆放大作用，取得的效果最佳。

特点四：嫁接好能实现多赢。

在目前的中超，俱乐部想取得好的成绩，对母公司的依赖度很高。一方面，要求母公司经济实力强劲，愿意按职业足球规律投入，特别是按中超联赛制造的特点投入；另一方面，母公司得经营良好，掌舵人要有眼光和魄力，要有整体战略能力。母公司对内援、外援、教练团队、训练场地、客场赛事的后勤保障工作，以及赢球后的奖金激励等的投入程度越高，俱乐部越有可能取得好成绩，给予母公司的回报也就越大。2010—2015年，许家印先生掌舵下的广州恒大集团，就是一个成功的典型例证。

特点五：母公司有激发并挖掘俱乐部潜力的高超智慧。

中超联赛是一个特别好的平台，但由于种种原因，中超俱乐部仅靠足球赛事本身并无法达到收支平衡。这种情况下，多数俱乐部的母公司在球队生存压力和成绩压力面前，展现出了过人的智慧，他们不约而同，在球员、教练这些重要的生产资料、原材料上下了很大的功夫，花费看似很高的代价招兵买马，使比赛变得越来越精彩的同时，也让俱乐部得到了更广泛的关注。当然，最重要的是也使得这种特殊的宣传效果在一定程度上达到最大化，让母公司在中超联赛的平台上获取到更多的商业回报，从而形成良性循环。

特点六：社会功能强大。

目前来看，俱母互哺运营模式的显性收益，得到了中超各足球俱乐部母公司的大力挖掘，也能充分地为母公司服务，但这一模式的隐性社会功能还远未被深度挖掘。这需要参与其中的合作伙伴一起努力，吸引更多的人关注中超联赛，关注俱乐部，把足球所承载的包括文化、娱乐、教育等在内的社会功能，充分地加以开发和利用，以回馈社会，回馈大众，回馈青少年，让足球为社会发展进步注入更多正能量。

小结

1. 俱母互哺模式是中超自己摸索出来的成功模式，它的特点符合中国这个大市场。

2. 俱母互哺模式能够促进中超发展，并将中超这一品牌向世界广而告之，把国外球迷的眼光吸引到中国来，直接或间接地宣传中国。

第四节　中超俱母互哺模式的成功探秘

导读

许多球迷对中超是否成功观点不一，但笔者认为就目前而言它是成功的。

根据中国职业足球的特点，笔者概括总结出了“俱母互哺”这一模式，那到底这一模式算不算成功呢？我们应该怎么看待它呢？

一、中国男子足球职业联赛很成功

成功一：联赛队伍不断壮大。中国职业足球联赛从 1987 年开始筹备，经过 6 年的国家财政或国有资本投入，由当时的 8 支球队，到 1994 年发展到 12 支球队，到 1999 年发展到 14 支球队，到 2002 年又增加到 15 支球队，2017 年中超联赛已拥有 16 支球队。但许多省份还没有中甲以上的俱乐部，中国职业联赛俱乐部还有进一步发展壮大之势，这让球员有了一定的出路，让部分家长看到孩子踢球以后有了就业的希望。中国这么大的经济体量，这么多的人口，足球俱乐部数量还没有欧洲五大联赛中任何一个国家的数量多，如要继续开发，还有潜力可挖。

成功二：俱乐部经费投入不断加大。从 1988 年开始，当时每支球队都是按国有企业建制，每个球员都属于地方体协，有国有企业或事业编制，一支足球队的投入在 100 万元以内，不过按照当时的购买力估量，这也是一笔较大的开支。到 1994 年后，大多数俱乐部的投入都超过了 100 万元，到后来的万达等已达 1000 万元。到 2004 年改为超级联赛后，有的俱乐部母公司的投入已上亿元，2010 年广州恒大入主足球俱乐部后，俱乐部投入已经向 10 亿元迈进。当然，这是无烟产业，属资金密集型产业，值得投入。

成功三：国内球员的生产资料、原材料价值属性逐渐得到认可。从目前来看，国内优秀球员的交易价格，于 2017 年已成功突破亿元。这虽然和欧洲五大联赛相比有一定的泡沫、溢价，但若考虑到中国整体经济水平、中国的市场体量、中国的人口数量，特别是 82 万亿元这个 GDP 体量，以及国内球员上场政策等因素，还是基本符合的。既然中超是职业联赛，又是处在市场经济条件下，出现一定的溢价也是正常的。一个社会能发现人才并充分利用他的价值，才算是真正地发展了生产力，让人才有施展才华的空间和平台，是每一个人才所追求的，也是社会所追求的。把人才困在一个池子里，时间久了，池子里的水就会成为一潭死水。这样看来，国内球员的交易价格虽有泡沫，但比一潭死水的结果要强太多。

二、俱乐部成绩在世界上的含金量大幅提高

提高一：在亚洲俱乐部比赛中的成绩大幅提升。从广州恒大进入中超后，两次夺得亚洲冠军联赛冠军，在最近五年，每年都有中超球队进入亚冠八强，在亚洲赛场上成绩居前。

提高二：在世俱杯上的成绩已取得突破。广州恒大代表亚洲两次参加世俱杯，虽然很多球迷认为主要是外援的功劳，但实际上，当时上场的国内球员占大多数，他们的功劳不能被扼杀。外援来到中超，人尽其才，最大限度地发挥其才能，这也是好事。与欧洲五大联赛的

俱乐部相比，我们只有数量有限的外援，但也赢过非洲俱乐部冠军埃及阿赫利球队，赢过中北美洲俱乐部冠军墨西哥美洲球队，中国球员郑龙也在这种世界性大赛中进了球。因此，客观地来说，我们应重视这一成绩的含金量。

三、从为国家队输送球员和财力支援上看也很成功

成功一：国家队队员的选材范围大了。客观地说，目前能在中超球队、中甲球队、中乙球队一线踢球的国内队员比 1988 年初创时翻了好多倍，有了量的保证。

成功二：国家队队员用不着靠国家财政养着。队员在俱乐部就已能养家糊口，甚至是得到比大多数城镇居民平均工资高得多的收入，所以，中国足协也用不着为国家队球员的编制、工资、社会福利等问题发愁。

成功三：这一模式使中超公司及中国足协的财力有了一定的保证。中超版权费及各种收入给足协的资金回报已很丰厚，若引导得好未来还有大幅度增加的可能。这也给国家队的后勤保障工作提供了有力的支持。比如，国家队参加 2018 年俄罗斯世界杯预选赛时，里皮教练团队的薪酬、后勤工作、球员保险、客场包机等都得到了很好的保障。由于这一模式给俱乐部的母公司带来了相当高的回报，也使得他们愿意巨额赞助国家队聘请国际顶尖的大牌外教团队，如果没有俱乐部在亚冠甚至世俱杯上的成功，中国足协让企业赞助国家队教练薪酬，在舆论上就很难获得球迷认同，现在则成了顺理成章的事。

四、俱乐部竞争加剧联赛好看且版权可外卖

成功一：在国内成功的俱母互哺模式促进下，特别是 2010 年广

州恒大加入后，中超联赛球队的竞技水平大幅提高。外援从 20 世纪八九十年代的过气球员，到后来有了欧洲冠军级球员阿内尔卡、德罗巴等的参与，现在更是有正值当打之年的奥斯卡、保利尼奥等球员加入，大大提高了中超的影响力。同时，促进了国内球员球技水平的提高。

成功二：国内球迷关注度大幅提高。各界之所以看好，事实上是看好中超联赛制造。体奥动力一度用 80 亿元买了 5 年的中超版权，加大了俱乐部的反哺力度。虽然现在有一些变故，但这就像是摸着石头过河，暂时没有摸到石头所遭受的一点小挫折。历史的进程说明，中超最终还是会走向正确的发展道路。

成功三：中超联赛制造的版权已经销售到世界其他国家和地区，在全球有了一定的覆盖范围。体奥动力已把这一成果卖向了欧洲五大联赛地区、拉美地区等，虽然说成交金额不一定很高，但这是中国无烟产业制造迈出的重要一步，无形价值更高。

小结

1. 目前的中超联赛是成功的，对取得的成绩不能视而不见，中国球迷更不必妄自菲薄。

2. 因为中超联赛潜在的高收益的诱惑，使得一些有实力的俱乐部愿意加大投入，在世界范围内收购一些高端的生产资料、原材料，这也反映了中超有打造最好的联赛产品的决心和能力。同时，体奥动力出售中超海外版权，是对中超品牌价值形象的最好注解，也在一定程度上促进了中国在海外的国际形象展示与文化推广。

3. 中超联赛让那些发愤于把中国产品向世界传播的企业有了用武之地，有了施展才华的空间，有了发展平台，有了重型武器。

第五章 俱母互哺模式下的失败与成功案例

第一节 俱母互哺模式下的失意者浅析

导读

从目前中超的整体发展情况来看，俱母互哺的模式是行得通的，是有用的。但是为什么仍然出现了不少失意者，他们是如何在“百舸争流”的赛道中止步的呢？

国内的足球俱乐部目前在具体运作及经营理念上，没有太多的理论依托。许多俱乐部仅仅是靠自己的一腔热情，很多母公司更是贸然下手，凭借自己划小舢板的实力和技术，组建球队首先参加了中冠联赛，然后逐步晋级到中乙联赛，有的升上了中甲联赛，更有甚者，迈到了中超联赛，于是，这些母公司也开始掌舵航空母舰式的中超俱乐部。但是，暂时成功的兴奋过后，他们就将不得不去面对许多现实的经济压力。由于国内足球本身的盈利模式是宣传母公司，让母公司赚钱，若没有借助足球的推介把母公司经营好，指望足球俱乐部来盈利，是不行的。全身心投入到足球后，许多小型的母公司却不知道前面处处暗藏险礁，甚至有一个大大的火坑在等着它们跳，稍不留神，母公司和俱乐部子公司就会两败俱伤。

一、中小俱乐部对俱母互哺的认识不足

在国内，足球俱乐部要取得巨大的成功，一定是要球队成绩造成的眼球效应高度反哺母公司，使母公司高速发展而更有经济实力，母公司有经济实力后又反哺足球俱乐部。但也有不少母公司认识不够，甚至偏离发展方向，如上海曾有一个民营企业老板把投入足球俱乐部拿来作为他炫耀的资本，让其一度成为众矢之的。

联赛产品具有公益性，它具有陶冶情操的精神文化产品属性。球迷观看一场经典的比赛，犹如读一本好书，似看一场精彩的电影，像欣赏一部跌宕起伏的电视剧；其内容的精彩度、质量的高低决定了观看的人数，决定了是否有买单人；球队眼球效应的大小，还决定了是否能吸引到现场进行广告投放的企业。

与世界上其他的职业俱乐部一样，中超俱乐部的重要属性也有两个——经营性和公益性，这两个属性就如硬币的两个面，要分开看待，母公司只要应用好这两个属性，就能产生好的经济效益和社会效益。

职业俱乐部本身就是一个企业，类似一家出版公司——出版的作品内容要有思想性，也像影片制作公司——制作出的电视剧、电影等要有丰富的视觉内容，俱乐部参加联赛生产的赛事产品要具有高度的观赏价值。但在国内，我们总是会忽略各俱乐部的企业特点，不深入探究俱乐部的经营属性，总是高高在上，像是在谈论文学作品、电视电影作品的内容，而对联赛形成的具有公益性含量的产品价值重视得不够。许多中小俱乐部拘泥于小作坊式的生产经营方式，只使用小作坊式的生产资料、原材料，甚至是把它作为赌注，总想以

小博大，幻想以一块小舢板换来一艘巨型航母，那么其失败也就在情理之中了。

俱母互哺的最大价值就是俱乐部反哺母公司的广告宣传价值，能辅助母公司打造巨大的品牌价值，促进母公司高速发展。

如果母子公司互动不够，子公司足球俱乐部的广告宣传价值、品牌推广价值没有很好地反哺母公司，或没有运用好，母公司就得不到健康发展，甚至有的企业不幸破产，导致子公司足球俱乐部也中途夭折。

许多母公司虽然看到了俱母互哺可能会使其取得巨大成功，但具体运作时却经历了“滑铁卢”，让人遗憾。

二、反哺不到位，几乎“同归于尽”的青岛中能

青岛中能从中超降级到中甲联赛，又从中甲降级到中乙联赛，至今仍在中乙联赛挣扎。

青岛中能足球俱乐部在甲 A 时代就已经创建，也曾在中超时代风光地拼搏战斗，还获得过不少球迷的关注和荣誉。

2010 年初，俱乐部以当年的最高价 450 万元卖出曲波，2011 年初，传言俱乐部以 1400 万元卖出伤愈主力姜宁。

2013 年，俱乐部在赛季初期，一度踢出历史最佳开局——7 轮不败并居于排行榜首的位置。意外的是，青岛中能在领略了当龙头的风光之后，母公司并没有奖励团队，反而解雇了有功之人——教练张外龙。张外龙后来在重庆力帆用“小米加步枪式”的低成本投入取得了不错的战绩，被验证是一位较好的中超工匠，青岛中能失去了这一优秀的“工匠”，结果，球队从第 12 轮联赛开始，战绩开始呈现自由落体式的滑坡，赛季后半段又把球队核心球员郑龙送到了广州恒大，当年，该队降级至中甲联赛。2014 年，球队征战中甲联赛，全力冲击中

超联赛。赛季开始前，中超广州恒大队宣布签下已成为自由身的青岛中能队长刘健，但青岛中能队却坚持刘健与球队仍有合同在身。在长时间的仲裁过后，中国足协最终宣布中能弄虚作假，判决恒大可以免费签下刘健，还给予中能扣除联赛积分 7 分、罚款 40 万元的处罚。这让原本看到冲超希望的中能最终只排在联赛第五名，无缘中超。赛季结束后，青岛中能的边路大将郐正又被恒大挖走，这是恒大 4 年内从中能手中挖走的第四名主力球员。

据报道，该球队在中超 9 年共投入约 5 亿元，每年平均 5500 万元左右，在当时的中国职业联赛大环境下，其投入资金远远不够。掌舵人并没有充分地认识到，俱乐部球队的成功能给其带来巨大的正能量隐性广告价值，但降级也会给母公司带来负能量宣传，而负能量宣传同样具有杠杆放大的效果，影响母公司主营品牌形象。

企业没有把足球俱乐部当作真正有生产能力的子公司，俱母互哺模式的功能没有发挥出来，还解雇了优质生产资料式的教练张外龙，出售了优质原材料式的国内球员曲波、姜宁等，再加上球队主力刘健、郐正等被挖走，从而使球队教练用于“下锅”的材料得不到保障，成绩呈现自由落体式下滑，球队从中超降级到中甲联赛，又从中甲降级到中乙联赛。当然，青岛中能俱乐部目前还没有解体破产，也还有东山再起的机会，但是如果母公司对俱乐部的生产资料、原材料式的球员、教练员仍然认识不足，投入不稳定，投入资金不提高，仅靠俱乐部造血是很难翻身的。在实际运营中，俱乐部卖出球队的优质球员套现无可厚非，但如果只出不进，不去补充优质球员，球队成绩就得不到保证，曝光率就会降低，给予母公司的反哺回报也只能是微乎其微。

三、2020 国内俱乐部退出潮为哪般

2020 年 5 月中旬，中国足协公布了中超、中甲和中乙的职业联赛准入名单，同时，足协还宣布有 11 支球队因为财政问题失去了注册资格，还有天津天海等 5 支球队主动申报退出职业联赛，再加上后来中乙的西藏拉萨城投俱乐部宣布解散，所以退出中国足坛的球队多达 17 支，有不少的球迷都为中国足球感到深深的担忧。

中超、中甲和中乙联赛一下子退出了 17 支球队，这也引发了世界足坛的注目，其中，美国媒体 ABC 就对此进行了解读，他们表示中国足球俱乐部都面临着非常大的财政压力，并非是因为疫情，其实在这之前中国职业足球联赛低上座率和高价的外援合同给球队带来的影响就很大。当然，拉萨城投俱乐部的退出并非出于资金原因，而是因所在俱乐部地处高原，海拔太高，比赛难度超过大多数球员的运动极限而没有客队愿意前往而作罢。

ABC 还用天海举例子，称此前意大利世界杯冠军队长卡纳瓦罗将这支球队带上了顶级联赛，三年后，球队却从之前的一掷千金变成了负债累累。同时他们还援引中国足协新任主席陈戌源先生的话，就是目前中国的足球俱乐部几乎没有实现可持续发展的球队，投资人注资不少，却赚不到钱或者达不到理想的效果。

笔者认为，ABC 的评论可能有一些误解，俱母互哺，并不是靠足球俱乐部本身赚大钱，即使有账面盈利，足球俱乐部的结余也可能只是很小的一部分，而真正聪明的做法应该是利用它的广告宣传效应来反哺母公司，让母公司快速实现增值，这才是俱母互哺模式的正确打开方式。

小结

1. 没有充分认识俱母互哺模式的运作要点，没有一定的经济实力，没有向世界级企业发展的目标和雄心壮志，就最好不要贸然进军足球领域。

2. 国内联赛要用世界上最好的生产资料、原材料式的球员、教练员生产一流的产品，方可在国内，甚至是世界上获得高溢价收益。

3. 中小俱乐部是小微企业吗？他们得到孵化了吗？他们能成长吗？这值得深思。

第二节　俱母互哺立竿见影的贵州恒丰智诚

导读

足球的魅力在于很多时候其比赛结果的不可预知性。俱乐部的运营也是如此，结果好坏无法预料，但这是人为可操作控制的，只要整个团队积极拼搏进取，成功的概率就会大很多。

贵州恒丰智诚足球俱乐部，前身为贵州智诚足球俱乐部，其母公司在贵阳当地是很有名的。公司于20世纪末期在当地的繁华地段喷水池开发的贵州智诚大厦，当时在贵阳堪称是首屈一指的地标建筑。后来该公司又收购了贵阳市的地标建筑之一——贵阳市老城区大十字的百货大楼，现在这些楼盘虽然淹没在了后起的幢幢高楼之中，但其商铺仍以销售高档服装等奢侈商品而闻名于贵阳市。

一、从校级足球队起步，一路摸爬滚打，锋芒初显

贵州恒丰智诚足球俱乐部，是一家位于中国贵州省贵阳市的职业足球俱乐部，球队主场设在贵阳奥林匹克体育中心。

俱乐部所属球队源自贵州兴黔足球队。2001年，球队由贵阳兴黔足球职业学校转到广西金嗓子青少年足球学校。

2004年，球队在全国U15联赛山东赛区的比赛中获得冠军。

2005年2月18日，由贵州智诚集团和贵阳兴黔足球职业学校合

股组建的贵州省第一个足球企业经营实体——贵州智诚足球俱乐部，经贵州省体育局批准，在贵阳市工商局注册正式成立。9月16日，由贵州智诚足球俱乐部有限公司支付60万转会费后，足球学校回到贵阳。同年，球队在全国U17梧州赛区登上冠军宝座。

2006年4月，贵州智诚队参加了全国U17足球赛（泸州赛区），以7战7胜的全胜成绩夺冠。

2007年10月10日，贵州智诚队荣获全国U19“阿迪达斯”足球联赛季军。

在2007年12月至2008年1月3日的全国U19足球赛（呈贡赛区）中，球队再次将冠军收入囊中。

二、中乙、中甲直至冲超，其奋斗历程堪称经典

2008年，贵州智诚队参加了中国足球乙级联赛，走上了足球职业化道路，结束了贵州省无职业球队的历史。在该年中乙联赛中无缘争夺中甲资格。2009年，贵州智诚队再次参加中国足球乙级联赛，再次错失晋级中甲资格。2010年中乙联赛，贵州智诚更进一步，最终排名常规赛南区第二名，晋级中乙决赛，获得2010年中乙联赛季军。

2011年1月28日，俱乐部购入中甲资格，成为中国足球甲级联赛的一员，球队同时更换了主教练。2011年赛季球队位列中甲联赛最后一名，在与中乙球队福建骏豪队之间的附加赛中以总比分4∶5落败，最终降入乙级联赛。

2012年，球队队名改回贵州智诚队。在该年球队勇夺南区冠军，晋级总决赛，重返中甲赛场。

2013年，刚刚升入中甲的贵州智诚队，以联赛排名倒数第一降级，成为中国职业联赛举办以来首支连续两个赛季“背靠背”降级的球队。

2014年，贵州智诚队在中乙联赛常规赛中以南区第二名的身份进入中乙决赛，获得中乙联赛季军。

2015年2月27日，由于沈阳中泽足球俱乐部解散，贵州智诚足球俱乐部接到足协通知，递补再次回归中甲联赛。

2016年，文筱婷聘任俱乐部董事长。3月24日，俱乐部官方宣布，由黎兵出任俱乐部总经理。当年，贵州恒丰智诚创造奇迹，总超成功。

2017年，由于开局不利，主教练黎兵在第七轮即使是带队战胜了当时的领头羊广州富力队，但仍旧主动辞去了主教练一职，球队果断换上熟悉中超的西班牙名帅曼萨诺，并最终取得了中超联赛第八名的好成绩，打破了国内球迷认为的球队是降级大热门的预言。

三、俱母互哺模式在恒丰智诚效果显著

时至2018年11月2日，中超联赛第28轮，一场保级圈大战打响，贵州恒丰主场迎来广州富力的挑战。最终恒丰主场0∶2不敌对手，提前两轮降级。

贵州恒丰智诚队虽然在中超只待了短短的两个赛季，但是它的成功冲超，给母公司带来了巨大的宣传效应。对俱乐部而言，如果将它的资产以2015年江苏舜天5.23亿元的转让价、2017年重庆力帆俱乐部5.4亿元的转让价作为参考，按类比投入产出估算，那么，将近增值了5亿元左右；如果按广州恒大运营模式估算，则其价值更高。当然，这是市场估算价，就像航空母舰交易，一般也轻易找不到买单人。

贵州恒丰智诚的成功运作也给了后来者以启示，那就是，要充分认识和运用好俱母互哺这一有利工具，投入足球的企业一方面要努力做好母公司的产业经营，另一方面要尽量开发好足球俱乐部这个有形及无形资产以反哺母公司，其社会价值与经济价值才能实现最大化。

小结

1. 这是俱母互哺模式在中国经济落后地区的成功实践。

2. 职业足球具有特殊性，只要俱乐部有一批好苗子，有潜在的能成为中超联赛制造的优质生产资料、原材料式的球员，再遇到另一个优质生产资料“教练工匠”，就能在比赛中激发出球队最好的状态，这也是球队成功的必由之路。升级进入中超后，这一有形及无形资产成果将呈核裂变式增值。

3. 恒丰俱乐部（笔者完稿的时候智诚已转让出大部分股权）就是在适当的时候，把这些优质资源组合在了一起，同时，它也是中超球队中赢球奖金较高、不欠薪、球员和教练员都信得过的俱乐部，因此在追加资本投入后，只用了一年的时间就冲进中超，这也在一定程度上反映了母公司的经营智慧。

第三节　重庆力帆集团坚守两年多赚五个亿

重庆力帆足球俱乐部（现重庆当代力帆足球俱乐部）母公司老板尹明善是一位一度在新闻报道中对足球投入不断加大叫苦最多的投资人，但他迟迟未离开中国足球，直至最后离开时也恋恋不舍地保留了一点股份。

中超中运营较为成功的有多家俱乐部母公司，他们都靠中国职业足球对企业整体形象做了有效宣传，虽然也有失败者，但综合来看是赢多输少。重庆力帆集团就是其中的成功案例之一，集团董事长尹明善是中国企业精英之一，其精明程度非常人可比。力帆集团即使现在

号称退出了，但新俱乐部的名称仍旧保留“力帆”二字，多用了一年冠名权，并且还保有足球俱乐部10%的股权，实在高明。

一、力帆足球俱乐部的甲A时代

重庆力帆足球俱乐部位于重庆市，是中国足球超级联赛创始球队之一。

俱乐部前身是武汉前卫足球俱乐部。1994年，湖北武钢成立了一队和二队，两队同时征战该年的甲B联赛。赛季结束后，湖北武钢二队以第十一名的身份降入中乙联赛。

1995年，公安部前卫体协将湖北武钢二队收购，易名为武汉前卫足球俱乐部。同年，武汉前卫队以中乙联赛第四名的身份升上了甲B联赛。12月，由寰岛集团和前卫体协共同出资赞助，俱乐部又易名为前卫寰岛足球俱乐部。

1996年，球队一举以甲B第一名的身份冲上了甲A；而当时即将成为直辖市却没有甲A球队的重庆，又渴望拥有一支自己的球队作为城市名片，于是盛情邀请前卫寰岛俱乐部将主场迁移至重庆。为了显示诚意，重庆方面对大田湾体育场进行了一番改造，使其达到了甲A联赛的要求。

1997年，球队获得了甲A联赛第五名。当年，球队还在足协杯赛事中闯入了四强。1998年，球队与前卫体协脱钩，完全独立运作。同年，寰岛继续加大投入，买下彭伟国、符宾，请来刘国江执教，该赛季直至最后一轮才勉强保级。1999年初，重庆隆鑫正式冠名球队，赛季结束时获得了联赛第四名。12月，前卫寰岛与降入乙级的重庆红岩足球俱乐部合并，成为重庆寰岛红岩足球俱乐部。

2000年8月19日，寰岛集团退出。俱乐部获得了联赛第四名。

11 月 12 日，球队实现了重庆足球的历史性突破，以 4：2 的总比分击败北京国安夺得足协杯冠军。同一天，重庆力帆集团以 5580 万元收购重庆前卫寰岛红岩足球俱乐部，并重新组建重庆力帆足球俱乐部。至此，这支球队正式进入“力帆时代”。

2001 年，重庆力帆队保级成功。2002 年，在联赛中，重庆力帆取得了进入顶级联赛之后的最佳战绩——甲 A 第六名。同年，俱乐部也参加了第 12 届，也是最后一届亚优杯的比赛，最终获得第四名。2003 年，因成绩不佳，黯然降级，这也是重庆足球队首次降级。

二、力帆中超时代沉浮录

2004 年，重庆力帆足球俱乐部为了留在顶级联赛而购买了云南红塔足球俱乐部的中超资格，并同时出售了原有的中甲资格，成立了湖南湘军足球俱乐部。开创了中国次级别联赛俱乐部收购顶级别联赛俱乐部的先河，因此成为中国足球超级联赛创始球队之一。由于中国足协不允许重庆力帆足球俱乐部以此名称征战中超，力帆集团将原云南红塔足球俱乐部与重庆力帆足球俱乐部完成资产重组，组建了重庆奇佧足球俱乐部，并以“重庆奇佧足球俱乐部力帆队”的名称征战首届中超。联赛中，力帆队创下了连续 12 轮不胜的纪录，最终获得联赛倒数第一名。但因中国足协宣布撤销 2004 赛季升降级，俱乐部才没有降级。

2005 年，球队更名为重庆力帆足球俱乐部。2006 年，自中国足球超级联赛成立以来，重庆力帆足球俱乐部已经连续三个赛季排在榜尾，2006 赛季积分仅为 16 分，成为中超成立以来首支降级到中国足球甲级联赛的球队。2007 年，球队获得了中甲联赛第四名，成功保级。2008 年，球队获得了中甲联赛亚军，成功升入中超。2009 年，球队更名为重庆诗仙太白足球俱乐部。同年，在中超联赛战绩不佳，导致提前一轮以倒数第一降级。

2010 年 2 月底，再次更名为重庆力帆足球俱乐部，球队因为中国足坛反赌，对成都谢菲联和广州太阳神做出勒令降级处罚而获利，同杭州绿城一道重回中超。10 月底，赛季结束时，重庆力帆球队在中超联赛累计积 30 分位列倒数第二，再度降级，这是重庆队在 7 年内遭到的第四次降级。2011 年，球队获得了联赛第八名。2012 年，球队在中甲联赛中取得第五名的成绩。2013 年，球队易名为重庆力帆置业足球俱乐部，而球队也在联赛中获得了第四名。2014 年 10 月，重庆力帆提前两轮以 25 轮不败的战绩重新回到了中超行列。

三、坚持两年，获得高额回报

2014 年底，重庆力帆准备退出中国足坛，为了将球队留在重庆，力帆集团几乎以“白菜价”将俱乐部卖给了一家名为北京华贸国瑞的公司。

这个“白菜价”到底是多少呢？据多家媒体报道，当时的转让金并不是外界盛传的 5000 万元或 2000 万元，而是让人惊讶的 1000 万元，而且最后只到账了 200 万元。

2015 年 1 月 15 日，足协相关官员表示，重庆力帆的转让材料并未通过审核，而且未能在截止时间前补齐相关材料，因此转让不成功。力帆重新获得俱乐部股权，足协证实，重庆力帆已经具备征战 2015 年中超联赛的资格，持续一个月左右的“转让风波”至此告一段落。

坚守的这两年，力帆集团没有让球队再坐升降机，而是加大了投入，通过力帆俱乐部卓有成效的引援工作，加强了球队实力，加上转让风波让球队上下一心（有的球队反而会离心离德，如大连阿尔滨及其他破产的俱乐部），球队连续两年排名中超第八名。

2017 年 1 月 5 日，重庆力帆俱乐部召开转让发布会，来自武汉的当代科技产业集团成为俱乐部新东家，俱乐部也正式更名为重庆当代力帆足球俱乐部。

据悉，当代集团以 5.4 亿元购买了力帆俱乐部 90% 的股权，但俱乐部会留在重庆，而尹明善的儿子尹喜地则继续担任俱乐部董事。

转让费从 2014 年底的 1000 万元到现在的 5.4 亿元，让力帆集团对重庆足球的坚持，得到了超过 54 倍的丰厚回报，也为其逐步退出中国足坛，画上了一个圆满的句号。

四、力帆投资足球的盈亏分析

据媒体报道，重庆力帆入主足球俱乐部以来，总投入 7 亿多元，转让价 5.4 亿元，单从这一点看，亏损了一个多亿。但是账不能这么算。

有效的企业形象广告投入，是公司经营的法宝。这体现在重庆力帆俱乐部上，如果我们把球队在比赛时各电视台无偿转播的有效时长等同于企业形象广告的话，按媒体的广告价格套算，折算成现金（实际上俱乐部并没有付这笔广告费，反而是电视台要给球队付版权费），那力帆就赚多了。因为这是有效的宣传，球迷会带着感情看你的企业形象品牌宣传，在消费者大脑里会形成根深蒂固的记忆。许多企业家都在抱怨无效广告花的钱太多了，却又不得不花，因为企业需要宣传。有时企业花了几亿元，甚至几十亿元的广告费却打了水漂。企业投入纯电视广告失败的案例比比皆是，其中比较典型的是秦池古酒，在 1996 年，秦池酒厂拿了央视标王，当年每天在央视黄金时间段播出企业及产品的形象宣传广告，一时间在全中国形成了广告轰动效应，但持续时间不长，没有几年，秦池古酒就像花儿一样很快凋零了，至今还未见起色。

企业是需要宣传的。企业要找好高效宣传的媒介，这需要极高的智慧，当然，也需要一定的机遇。

那些企业精英们热衷于投资职业足球俱乐部，自有他们的道理。中超自己摸索出来的俱乐部名称版权，它的价值最大，收购时却一直是不计价的。后续的媒体直播也好，宣传也罢，参加各种活动时，俱乐部的名称实际上就是对母公司企业形象的有效宣传。

企业在电视台播出相同的形象广告，需要花不少的广告费，但效果和具有公益性质的足球赛事相比，相差甚远，而且纯广告的时间如果太长，电视台还不一定同意播出。因为消费者不愿意长时间看纯广告，会影响收视率。也就是说，有时即使花了广告费，效果也会很差，会大大增加企业成本。反之，如果你出资投入的足球队参加球赛，球队就有了很强的体育文化传播价值，这时候电视台等播出单位就可能会反过来补钱给你，也就是获取播出版权，因为这让媒体有了收视率的保障。

足球俱乐部给母公司所带来的企业形象宣传，其价值可以从以下几个方面来估算：

（1）一年电视转播，我们仅按央视转播场次估算（还有重播）。

（2）地方台转播（还有重播）。

（3）新闻报道。

这样算下来，其回报还是比较大的，因为这是正能量的、效果加杠杆的、不拖后腿的，其价值是无法用金钱衡量的。如果足球俱乐部投入的资金相对较大，就能够把母公司的实力更充分地展示给社会，从而产生多赢的效果。

小结

在俱母互哺模式下，球队参与各项赛事所无偿获得的新闻曝光，为力帆集团带来了巨大的隐性宣传价值，对其企业的形象宣传是相当成功的。

第四节　足球反哺广州恒大，广告价值初估上千亿

导读

许多媒体和球迷都称赞说：许家印是用足球营销房地产的专家，认为他投入职业足球俱乐部，值！但它到底值在哪里，能否量化，如果你是创业者，能够从中看到、学习到什么呢？

当企业发展到一定阶段，遇到成长瓶颈的时候，你的企业要打造什么样的企业文化，助推企业迅速突破这一瓶颈呢？当然，许多人会说，企业在广告宣传方面少花钱，甚至能不花钱而达到目的，那是最好的，但是，在现代经济社会中，产品同质化严重，要想走捷径取得成功，谈何容易。在中超，试水的企业有很多，积累了不少经验，摸索了不少的路子，也有人到达了自己理想的彼岸。如王健林能在中国成为家喻户晓式的人物，与其当时投资足球联赛密切相关，后来他又继续投入国家队，赞助国家队引进世界级教练卡马乔，并且创办了一个国际足球赛事“中国杯”，对中国足球事业发展的探索及应用做出了很大贡献。当然，足球对其企业大连万达的宣传反哺也是巨大的、正能量的。

运用俱母互哺模式最成功的，当数广州恒大足球俱乐部。无论是它取得的成绩，还是其对母公司的反哺都是空前的、巨大的。

广州恒大借用正能量的、健康的、催人奋进的足球运动项目为母

公司做企业形象宣传，很值得中国的企业精英们借鉴。当然效仿者、跟风者已然有之。对成功模式的复制是好事，是聪明人、聪明企业应该走的捷径，不然，等你重新摸索一个新模式出来，别人又跑出去了一大截。这也值得创业人士分析研究，如何把自己的企业、经营的产品和公益性极强的体育文化项目嫁接起来，在广告上小投入，而获得加杠杆的、正能量的宣传。

一、在中国职业足球产业取得成功的第一人

2017 年 10 月 12 日，胡润研究院发布的“胡润百富榜 2017”显示，截至 2017 年 8 月 15 日，恒大许家印以 2900 亿元的身价力压“二马”（马化腾、马云），成为中国首富。

进入中国特色社会主义新时代，在中国职业足球产业上取得成功的第一人，当属许家印。这也成为国内球迷的共识。中超七连冠，获得两个在亚洲含金量十足的亚洲冠军联赛冠军，也让广州恒大俱乐部荣登亚洲俱乐部豪门之列。球队曾聘请两位世界杯冠军教练执教，还曾出资聘请里皮先生到国家队挂帅，让国足与世界上其他足球发达国家相比，也有了真正大师级的教练。许家印前期的每一个决定都是中国足球的大手笔，也都在世界上引起了轰动。

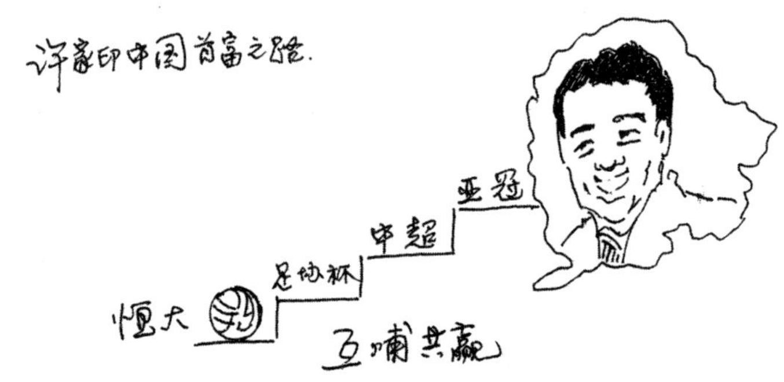

许家印在子公司足球俱乐部的运营中，就充分认识到了世界级教练、优秀外援、国内优秀球员的重要性，认识到他们是中超制造的高端生产资料、原材料。他显然是把俱乐部运营当作主营业务的重要组成部分来抓，而且许多足球俱乐部的重要工作都是由他亲自来抓。在给子公司足球俱乐部的投入上，舍得花大钱。

目前，许家印被部分媒体誉为用足球营销房地产的大师。他聪明地把中国职业足球当作企业集团突破瓶颈的助推剂，并取得了巨大的成功。这也是中超俱母互哺模式下取得成功的最为典型的案例。

二、在体育产业中试验并寻找最佳猎物

体育产业有很强的公益性——受到社会大众拥护并将其作为精神食粮；也有很强的经营性——能给参与的子、母公司的企业形象进行广告宣传，为其带来直接或间接的经营收益。在中超，足球俱乐部如果运作成功，会产生超强的宣传效果，给足球俱乐部背后的母公司带来充分的正能量的曝光度，使母公司的销售收益、社会地位等大大地提高。这就像一个宝库，谁能用经济手段把它的公益性发挥到极致，谁就能掌握打开这扇财富之门的钥匙。当然，这需要智慧。在中超，最早找到金库钥匙的人，无疑就是许家印。

一直以来，许家印都对中国体育事业充满热情，在爱国主义激情的推动下，他全力支持国内体育事业发展。2004 年，许家印投入 500 万元支持申办广州亚运会；2005 年投入 150 万元赞助世界女子乒乓球赛；2008 年投入 2000 万元赞助第 49 届世乒赛；2009 年投入 300 万元赞助全国汽车拉力锦标赛；2010 年投入 200 万元赞助第 23 届亚洲杯乒乓球比赛；2010 年投入 300 万元支持广州亚残会；2011 年投入 300 万元冠名广东粤羽俱乐部；2011 年投入 100 万元赞助广州龙舟赛。

2009年，胸怀爱国主义情操和中国女排情结的许家印出资2000万元，成立中国首家真正职业化排球俱乐部——广东恒大排球俱乐部，矢志实现中国女排复兴。世界排坛传奇“铁榔头”郎平担任主教练，原国家女排主力队员冯坤、周苏红、杨昊及多名顶级球员加盟恒大女排，在2010年度女排甲B联赛中，以12战全胜战绩勇夺冠军，晋级甲A联赛。

在2011赛季的甲A联赛中，“升班马”恒大女排夺得亚军，在2012赛季的甲A联赛中，恒大女排击败天津队夺得冠军，为中国排球职业化发展做出了积极有益的探索，为中国排球水平提升做出了贡献，更为推动中国女排的复兴贡献了力量。

许家印每年都在体育产业中徘徊，不断地出手。不过，广州恒大先前在体育项目上的试水，和后来介入中国职业足球相比，都只能算是小儿科、小猎物。

恒大还在寻找最佳猎物，然后重拳出击。

最后，等待已久的猎物出现了。2009年，广州医药白云山足球队被罚降级，2010年3月，广州恒大集团出手了，轻而易举地俘获了这个只有17岁的职业足球俱乐部（按1993年广州太阳神获得球队全部股权起计），勇敢且大胆地走出了第一步。

三、实现夺取亚冠联赛冠军目标

中国足球，是党和国家领导人高度重视、全国亿万球迷极为关注的一项运动。许家印为了积极推动中国足球事业健康发展，铆足了劲，全力以赴参与这场战斗。2010年3月，在中国足球面临最低谷、广州足球被降级的危急关头，许家印的恒大集团投入1亿元，成立了广州恒大足球俱乐部，接手广州足球。

恒大入主广州足球后，为实现为国争光的宏愿，许家印提出了“3 ~ 5 年内夺得亚冠联赛冠军”这一目标。在当时，也有一些足球专业人士嘲笑他：不可能实现，如果那么想，一定是脑子进了水，或者是疯子。当然，后来这些人被狠狠地打了脸。

广州恒大队在 2010 赛季中甲联赛结束后，以冠军身份冲进中超，并在 2011 赛季一举夺得了中超联赛冠军；2012 年，广州恒大首次征战亚冠就进入八强，并成功卫冕 2012 赛季中超冠军，成为中超历史上首支卫冕成功的球队，并夺得足协杯冠军，实现中国足坛首个“大满贯”。

2013 年 11 月 9 日晚，广州恒大队在亚冠决赛中，主场对阵韩国首尔 FC 以 1∶1 比分战平，以总比分 3∶3（恒大客场进球数比首尔 FC 多）夺得亚冠联赛冠军。这是继辽宁队在 1989 年获得亚洲冠军以来，中国职业球队经过 24 年积极拼搏后，再次夺得亚洲冠军。

从 2010 年以来，广州恒大累计投入 30 亿元，引进多名国际知名球员，引进世界名帅里皮、斯科拉里，并用多名中国国脚打造“准国家队”。在广州恒大的影响下，一大批世界级高水平教练员和球员集聚中国，真正提高了中国职业足球联赛的门槛，也提升了中国足球的竞技水平，彻底改变了中国足球多年来积贫积弱的落后面貌，为中国足球的真正崛起与繁荣做出了贡献。

许家印在 2010 年提出要打造最让人羡慕、综合实力最强、最受人尊敬的“三最”俱乐部，更要在 3 ~ 5 年内夺得亚冠联赛冠军，为国争光，他的这些目标都在一步步地实现。发展至今，俱乐部坚持市场化、职业化运营理念，制度严格，赏罚分明，球员狼性十足，奋勇争先，已经成为中超俱乐部的一面旗帜。

四、广州恒大入主后多方出击

广州恒大足球俱乐部对中超的认识是很深刻的，也是很有见地的。球队一直都在投入，但投入的资金量和对目标成绩的追求，是成正比例的，是以积极进取的大投入保障了球队成绩。

广州恒大在优质教练、国内一流球员、高水平外援、后勤保障方面，都是大投入，这是广州恒大前期成功的秘诀。正是由于广州恒大在足球领域表现出的强劲发展态势，使得足球本身具有的强大营销力量和品牌力量，产生了巨大的推广效果，也使中国足球成为众多企业家精英的一个投资机会。

2014 年 6 月 5 日，阿里巴巴出资 12 亿元获得恒大俱乐部 50% 的股权；同年 7 月 4 日俱乐部更名为广州恒大淘宝足球俱乐部。2015 年 11 月 6 日，恒大淘宝正式上市，登陆新三板，成为亚洲足球第一股。

广州恒大集团借力足球助推母公司是非常成功的，特别是房地产业务突破发展瓶颈，实现了高速增长。

2013 年 11 月 9 日，广州恒大夺得亚冠联赛冠军，将许家印的足球营销模式推向了巅峰。在体育领域赚得名声，在地产领域赚得金钱，让业界看到了房地产企业与体育产业结合的成功典范。

此后，许家印看到恒大足球对其主业房地产的宣传异常成功，也想仰仗足球运动这一显性和隐性宣传效果优异的项目再接再厉，强势进军水业。当时，恒大不惜拿掉其他广告宣传，将俱乐部资源全部用于宣传恒大冰泉，同时把恒大冰泉水定位为高端产品。

在不少人看来，这场借助足球之势的矿泉水营销，已推广至极，赚足了眼球。至少在 2013 年 11 月 9 日晚间，在广州天河体育球场上，恒大未花分毫，不经意间至少已让 4 万人知晓了恒大冰泉矿泉水，这还不包括在电视机前的观众。

据媒体报道，在2013年11月9日上午，恒大冰泉的广告已在多个门户网站以及报纸上刊登，却鲜有人注意到。这充分说明，公益性极强的高品质的足球赛事与纯广告相比，其宣传价值的含金量更高。

“仅在这一波推广中，恒大几乎在其楼盘布局的所有城市均投放了冰泉矿泉水广告，整体推广费用应该达5亿~6亿元”，一位接近恒大的人士说。

最具代表性的是，2013年11月9日当天恒大冰泉水广告就在CCTV-1、CCTV-5等以每次5秒的时长，进行了20~30次高密度的轮番宣传轰炸，晚上亚冠决赛中场休息时，CCTV-5更是连续播放了两遍恒大冰泉矿泉水广告。连恒大内部人士也感叹，以往的任何推广，都没有这样的广告资金投入。这种推介方式坚持了一个月的时间，虽然最终未取得预想中的销售业绩，但通过这一方式的宣传，恒大冰泉的知名度实现了国内全覆盖，甚至在亚洲范围内，也有了一定的知名度。

五、夺冠吸引更多地产商加码哺乳足球

“最近3年就是因恒大的带动，使得各家俱乐部的投入都增大了。”河南建业集团内部人士接受采访时表示，之前的中国足球俱乐部一年投入1亿元已经很多了，而现在“最穷的都要到1亿元了”。

报道称，中超从2012年的16家俱乐部16亿元的投入，激增到2013年16家俱乐部总计30亿元的投入，2017年更是增加到40亿元。

建业集团旗下的河南建业队，2012年曾经从中超联赛降级，2013赛季以中甲联赛冠军的身份重返中超。2013年11月3日下午，河南建业队在郑州召开冲进中超联赛的庆典媒体发布会，建业集团董事长胡葆森明确表示，2014年河南建业足球俱乐部的投入不会低于2亿元。

并不是建业一家俱乐部有这样的打算，广州富力队副董事长陆毅

接受媒体采访时明确表示，2014 年富力将会加大投入。北京国安俱乐部名誉董事长罗宁对于新赛季也明确表示，“我们肯定会加大投入，不能让国安在新赛季掉队”。

2015 赛季结束后，河北华夏幸福成功从中甲升入中超，这意味着，在现有的 16 支中超球队中，共有 9 支球队母公司的主业或核心业务为房地产，6 支球队母公司涉足地产业。

“恒大夺得亚冠联赛冠军无疑会吸引地产企业加大对足球的投资力度。”关键之道体育咨询公司创始人张庆认为，由于足球俱乐部是一个城市的名片，恒大夺得亚冠联赛冠军带来的示范效应，会让其他足球俱乐部面临着来自球迷、当地政府更多的压力，加大投入是大势所趋。

六、成功主要靠高质量冠军

为了估算恒大足球俱乐部这个子公司给母公司恒大集团的企业形象广告宣传反哺价值，笔者还需对球队取得的成绩进行详细复述。

恒大的成功主要分为两个阶段。

第一阶段，中超独领风骚，实现许家印先生的第一个 5 年梦想，夺得亚洲冠军联赛冠军。

2010 年 3 月 1 日，恒大集团以 1 亿元买断广州足球俱乐部全部股权，广汽集团则以 2500 万元获得一年的冠名权，球队名称为广州恒大广汽队。该赛季中甲联赛，球队提前 4 轮成功冲超，并最终获得中甲联赛冠军。

2011 赛季，广州恒大以“升班马”姿态征战中超。9 月，客场败于长春亚泰后，球队 44 场联赛（21 场中甲、23 场中超）的不败纪录告终，但最终还是提前 4 轮获得中超联赛冠军，缔造了中国的“凯泽斯劳滕神话”——“升班马”在顶级联赛第一年就勇夺冠军。球队也连续夺得中国两级联赛（中甲及中超联赛）的冠军。广州足球队成立58年以来，第一次杀进亚冠联赛。

2012赛季，广州恒大提前一轮夺得中超联赛冠军，成为中超历史上第一支卫冕的球队，并且夺得足协杯冠军，成为中国职业联赛史上第三支获得联赛杯赛双冠王的球队。亚冠赛场，球队两回合的总比分为4∶5，负于伊蒂哈德，止步八强。

2013赛季，广州恒大提前三轮卫冕中超冠军，实现三连冠。在亚冠决赛两回合比赛中以3∶3与首尔FC战平，凭借客场进球优势获得冠军。这也是中超俱乐部第一次问鼎该项赛事的冠军。2013年世俱杯广州恒大作为亚冠联赛新科冠军首次参赛，这也是世俱杯首次出现中国球队的身影。

2014赛季，阿里巴巴作为恒大俱乐部战略投资者，注资12亿元，并获恒大俱乐部50%的股权；同年7月4日，广州恒大足球俱乐部有限公司正式更名为广州恒大淘宝足球俱乐部有限公司；联赛最后一轮球队1∶1战平山东鲁能，最终以22胜4平4负、积70分的成绩，再次问鼎中超联赛冠军；亚冠联赛，广州恒大连续第三年进入亚冠八强，但在四分之一决赛中两回合2∶2（客场0∶1，主场2∶1）负于后来的冠军西悉尼流浪者，结束卫冕之路。

第二阶段，跟风者加码，竞争加剧，但仍获三次联赛冠军和一次亚洲俱乐部冠军。

2015赛季，俱乐部正式启用新队名“广州恒大淘宝队”，获得2015赛季中超冠军，成就中超五连冠。2015年11月6日，广州恒大淘宝足球俱乐部在新三板正式挂牌上市，成为亚洲首支上市球队。恒大淘宝总股本3.75亿股，恒大地产与阿里巴巴分别持股60%和40%。

在洲际赛场的亚冠联赛中，广州恒大淘宝队获得2015年亚冠联赛冠军，第二次进军世俱杯。2015年12月13日，世俱杯比赛的1/4决赛，广州恒大淘宝队以2∶1战胜墨西哥美洲队，中国球员郑龙在比赛中打进一球，这也是中国球员在世俱杯历史上的首个进球；12月17日，半决赛中，广州恒大淘宝以0∶3的比分负于巴塞罗那；12月20日，三四名决赛中，广州恒大淘宝以1∶2的比分不敌广岛三箭，获得该届赛事的第四名。

2016赛季，成就中超六连冠。11月27日，广州恒大淘宝客场以2∶2战平江苏苏宁，总比分3∶3，广州恒大淘宝凭借客场进球多，夺得足协杯冠军。在洲际赛场上，亚冠联赛未能小组出线，结束了2016赛季的亚冠征程。

2017赛季，广州恒大淘宝队在亚冠联赛小组赛中获得2胜4平的成绩，自参加亚冠联赛以来，第一次以小组第二的身份出线。同年8月14日，恒大淘宝俱乐部官方宣布保利尼奥加盟巴萨，为此巴萨向广州恒大淘宝支付了4000万欧元的违约金。

2017年9月12日，亚冠联赛1/4决赛次回合焦点比赛在广州天河体育场举行，由广州恒大淘宝迎战上海上港。最终，广州恒大淘宝经过点球大战负于上海上港遭到淘汰，上港晋级亚冠联赛四强。

2017赛季，实现中超七连冠。

七、恒大足球宣传反哺的量化估算

中超职业联赛反哺母公司企业的回报能量化吗？这一回报能折算成现金吗？

笔者的回答是不能，但初步估算一下它的价值是完全可以做到的。

笔者采用了三种方法。

第一种方法是用球队比赛时，一场比赛在媒体上的曝光时间，按媒体对外公布的广告价格进行折价，套算出相近费用的近似值。这个近似值给母公司带来的隐性宣传收益也是可计算的。

这种方法是先计算出播出时长，再采用一个公允的单位时间广告价格，二者相乘就可以得到一个数值。这一数值，就是通过这一计算方法所得到的估值。

笔者以广州恒大俱乐部在亚洲冠军联赛比赛时，中央电视台直播的场次和时长为例，大概计算一下其最后的估值。

（1）直播场次，2013 年的亚冠比赛有 14 场，中央电视台全程直播（纯广告，没有为吸引观众在赛前赛后正能量宣传的预热。在这里，笔者只计算国内电视台直播，未计算重播，也未计算国外电视台直播或转播）。

（2）每场比赛常规时间是 90 分钟，上下补时合计有 5 分钟（笔者还未计算开场前和结束后主持人的预热和赛后评论的时长）。

（3）2013 年，网上公布的中央电视台五秒广告套餐价格最高的是 119000 元（现已涨价）。笔者认为：一定要采用最高的价格来作为标准，因为它是有效的、正能量的、高杠杆的、可加权的、不给企业产生拖累的，是超值的。

第一，计算的基本参数。

（1）每场正式比赛 95 分钟（加上下半场补时）；

（2）每分钟 60 秒；

（3）一场球赛总时长换算成秒为：$95 \times 60=5700$（秒）；

（4）央视广告单价是每 5 秒 119000 元；

（5）用 $5700 \div 5$，即有 1140 个 5 秒。

第二，计算出估算的结果数值。

若把一场比赛的时长按投放央视的广告费用标准来折算的话，则其价格总计为：119000×1140=135660000（元）。

也就是说，按每场比赛的时长在央视投放广告的话，就得花费约1.36亿元。全年有14场亚冠比赛，则为：14×135660000=1899240000（元）。这意味着广州恒大获得亚洲冠军后，仅央视一家的国内直接曝光率，折算成广告费的话就接近19亿元。

此外，由于足球比赛的公益性特征，除了央视直播之外，地方电视台、网络、报纸、期刊、广播电台等媒体，还会对比赛内容进行大量的转播和报道。每一类的媒体宣传，都是有效的且为球迷愿意接受和投入感情的宣传，具有加大杠杆的作用，因此，实际上它们都可以再创造一个相似的宣传价值，也就是说，可以在此前央视估值的基础上，再至少乘以一个5，即差不多能达到100亿元。

因为是估算，仅为说明有这一效果，所以没有必要把每一项都算得很精确。

一是还没有计算中超、足协杯等赛事的直播，像这种全年都有的高曝光率的项目，把全国的媒体报道都算进来，那么冠军球队所取得的公益性宣传回报，按投入广告费计算，在上面的基础上再乘以3即300亿元，可能都达不到这种效果。

二是即使没有进入亚洲冠军联赛的决赛，只要进了8强，即使没有有效的加权，没有计算重播，没有计算向国外的宣传，其价值仍旧是巨大的。

三是这一具有公益性的运动项目，它对企业形象的宣传往往能深入人心，一些年轻人甚至一辈子都会铭记在心。这比投入巨资在媒体投放单纯的广告，效果要大得多。

当然，这样算大家都不亏，足球俱乐部、母公司、媒体实现了三赢。

为什么呢？

电视台因为有好的转播资源而吸引了观众，实现了高收视率，其他媒体同样如此，网络、报纸、期刊有了更多读者，广播电台有了更多听众。不同的媒体采用不同的报道方式宣传，标题不一样内容都一样，全是正能量激动人心的内容。因此，广大媒体也是受益的，因为这正是他们所需要的优质宣传报道对象。

足球俱乐部及其母公司就更值了。如果我们用媒体广告价格套算，和单纯的投入巨额广告费相比，母公司花了很少的资金投入足球俱乐部，但只要球队成绩有保障，母公司就获得了高杠杆的、超值的有效回报。嫁接得好，其实最大的赢家就是母公司。

除此之外，观众也是受益者。因为他们看到了竞争激烈、观赏度很高的比赛，随着比赛进程同欢喜、同担心，甚至同哭泣，把自己的感情都投入了进去。

目前看来，这也应该算是中国足协的一大政绩，但当时的媒体都去报道恒大，把足协忘记了。这确确实实是中国足协和中超俱乐部通过长期摸索后取得的，是俱母互哺模式的优秀成果。

当然，只有获得冠军后，收益才能这样计算，这一估算方式有一定的可信度。下面，我们要采用另一方式折算一下，看其价值几何。

第二种方法就是对恒大集团增值部分参考其他公司广告投入类比得出一个估算值。

具体来说，就是以一个这方面做得比较成功的公众公司作为参考，看该公司每增值一元钱要投入多少广告费，即找出他们投入的广告费与企业由此增加的销售产值的比例，这个比例也就是我们所需要的计算系数。将这一系数应用到广州恒大足球俱乐部，就能够大致估算出通过足球赛事的公益性广告宣传，给母公司带来的收益数。

笔者以2017年底中国股市发布的一个公众公司——莎普爱思的广告投入公告拿来做类比计算，这样计算的可信度也相对较高。

莎普爱思公司曾被质疑虚假广告宣传，在几年前一度闹得沸沸扬扬，在此我们暂且不去考虑其公司情况，只是拿它作为一个靠高广告费投入成功的过往案例，来帮助我们得出一个大概的参考系数。

据莎普爱思披露的招股书及年报，统计发现，从2008年开始至2017年前三季度，长达9年的时间里，莎普爱思的销售费用累计超过22亿元，广告费投入累计超过13亿元。

2008年、2009年和2010年销售费用和广告费用增长不太明显。我们可以看到具体指标为：2008年、2009年和2010年，莎普爱思的销售费用分别为2150.97万元、4077.40万元和8266.79万元；其中广告费分别为456.15万元、1730.73万元和3784.07万元。

这三年，通过前期广告费等销售费用的投入，莎普爱思的滴眼液实现落地销售，初见成效，销售额分别达1593万元、3903万元和9883万元。

此后，莎普爱思公司的销售费用继续攀升。我们可以看出：2011年至2013年分别达1.50亿元、2.11亿元和2.57亿元；其中广告费分别为7872.26万元、1.32亿元和1.61亿元。这三年，莎普爱思的滴眼液产品销量持续攀升，销售额分别为2.05亿元、3.21亿元和3.88亿元。

根据该上市公司公告的内容分析，若按以上投入产出计算，在最后几年，该公司靠广告投入而产生了回报，说明这种投入是有效的，销售收入确实增长了。不像有的企业虽然投入了巨额广告费，最后却效果欠佳，这种例子就很多了。例如恒大冰泉。广州恒大花了五六亿元打广告，结果却有些意外，不仅没有一炮打响，相反却出现了巨额亏损。可以说，恒大后期完全是靠足球反哺给母公司，才突破了增长瓶颈。

我们就以莎普爱思公司后三年的业绩作为参考，根据其投入的广告费，及其产生的增长额度，计算出一个广告投入产出比值，即用广告费除以销售增长额度，分别为 0.79 亿 ÷1.5 亿≈ 0.53；1.32 亿 ÷2.11 亿≈ 0.63；1.61 亿 ÷2.57 亿≈ 0.63。从而得出，莎普爱思公司的广告费投入产出比分别为 0.53、0.63、0.63。加权综合比率为 0.6。即销售额每增长 1 元钱需要 6 角钱的广告投入（注：笔者只计算增长部分，没有计算基础部分，实际上那一部分也有广告宣传的功劳）。

接下来，我们就可以把这一系数，套用在对恒大足球反哺母公司的形象宣传广告费的估算上。

首先我们需要了解一下，恒大介入足球后的产出增长率。

在《第一财经日报》记者写的一篇文章“恒大六年业绩涨六倍”中，给出了翔实的数据。据该报道，恒大地产发布公告称，截至 2015 年 12 月 31 日，恒大地产全年累计实现合约销售额 2013.4 亿元，首次迈进“2000 亿俱乐部”。

《第一财经日报》记者查阅历史数据发现，6 年前，即恒大入主足球队前的 2009 年，恒大合约销售金额为 303 亿元，在当年的国内房地产企业销售额排行榜中，仅位列第七，不及领头羊万科的一半。6 年后，恒大销售额达到 2013.4 亿元，上升至全国第三，6 年间增长了 564%。

按年份看，在恒大接手广州队的 2010 年，恒大老板许家印曾放言“3 ~ 5 年内夺取亚冠联赛冠军”，这一年恒大地产的合约销售额增幅 66.4%，达到了 504.2 亿元。随后一年，恒大合约销售额继续呈暴涨趋势，增幅为59.4%，销售额达到803.9亿元。2013年，恒大首次夺得亚冠联赛冠军，恒大地产也迎来丰收，跨过1000亿元大关，销售额达到1004.4亿元。2014年，恒大地产的合同销售额继续激增31%，达到1315.1亿元。

2015年，恒大足球实现中超联赛五连冠，第二次举起亚冠联赛冠军奖杯。尽管2015年经济持续下行，房地产企业业绩普遍表现不佳，但恒大房地产却逆市而上，合同销售额增长53.1%，首次跨过2000亿元大关，达到2013.4亿元。

在这6年来，广州恒大一直以“高投入”作为足球俱乐部的营养补给，不仅吸引了多名现役国脚，还聘请了里皮、斯科拉里等世界名帅，先后引进了孔卡、高拉特等大牌外援。统计显示，恒大在6年里仅引援转会费、薪资及奖金，就拿出了超过25亿元。保守估计，这6年总投入达到30亿元。若扣除球队营业收入和2013年年中阿里巴巴入股后分摊的运营资金，那么恒大介入足球6年，净投入也超过20亿元。

在量化广州恒大潜在的广告收益中，我们用其每年的销售增长额，以及上面得出的投入产出比率0.6这一系数，就可以得出一个估算数字。

我们可以看到，广州恒大这6年的销售额分别为：2010年504.2亿元；2011年803.9亿元；2012年923.2亿元；2013年1004.4亿元；2014年1315.1亿元；2015年达到2013.4亿元。

该种类比估值分为A项和B项两部分。

A项：我们从2010年算起，因为广州恒大是从2010年开始介入足球，截至2015年12月31日共6年，则这6年来广州恒大的销售收入增加值分别为：201.2亿元；299.7亿元；119.3亿元；81.2亿元；310.7亿元；698.3亿元。合计1710.4亿元。

如果要投入广告费来实现这一增长，我们按莎普爱思 0.6 的系数计算，则需投入广告费为：1710.4 亿元 ×0.6=1026.24 亿元。

B 项：A 项我们只算了增长部分，还没有包括母公司销售基础部分（参照上年销售额），这也是靠宣传获得收益的，只是不能用这个系数，应把系数降低。即先用它 6 年的总产值减去 6 年总的增值部分：6564.2 亿 –1710.4 亿 =4853.8 亿元。按国家税务局规定的企业正常广告费投入比例，即营业收入的 3% 可纳入成本费，按此标准计算，广州恒大的基数部分，我们也算一点宣传回报，即 4853.8 亿 ×3% ≈ 145.61 亿元。

A 项 +B 项：1026.24 亿 +145.61 亿 =1171.85 亿元。

把恒大投入足球俱乐部的 20 亿元减除，则按这种方式估算的结果就是：1171.85 亿元 –20 亿元 =1151.85 亿元。

从这种估算方式看，恒大仅用了 20 亿元就获得了需要另外投入 1151.85 亿元广告费才能取得的效果。

当然，只有足球俱乐部的成绩好，才能获得媒体的青睐，这是对母公司企业整体形象宣传的需要，这没有错；大家说恒大还投放有其他广告，是的，这也没有错。其他广告也要投放，比如对其产品的品质宣传，它能够与对企业的形象宣传产生互动，从而达到宣传的最大效果。

第三种方法就是结合其所产生的社会效益进行估算。

效益一：充分展示了广州恒大集团的社会责任感。

效益二：中国俱乐部 24 年以来不曾获得洲际冠军的纪录，被广州恒大突破了。

效益三：带动国内俱乐部树立起积极拼搏进取的精神，你追我赶，中超联赛面貌焕然一新。

效益四：使国内俱乐部对优秀教练、优质外援、优秀国内球员有了新的认识，激活了俱乐部之间的交易，为国家增加了税收。

效益五：代表中国向世界展示了中国形象，让国外的年轻球迷也能够跨越语言障碍一睹中超乃至中国的风采。

效益六：广州恒大已经让亚洲球队有所畏惧，一提到和广州恒大比赛，要么就觉得是和高手过招而兴奋，要么就觉得自愧不如。

效益七：世界足球专业人士提起中超，首先就想起广州恒大。

效益八：对于巴西优秀职业球员的大力引进和合理使用，对今后引进巴西的世界级球员人才做了广泛的、长远的宣传，也对恒大介入“中国制造”后开拓巴西市场开了路，拓宽了发展空间。

效益九：母公司及俱乐部获得国内球员及世界级球员的尊重。

效益十：有了足球俱乐部的成功影响力，也使得国外的企业更加相信其实力，为双方生意上的合作提供了更多可能性。

该种方式的估值结果为：价值连城，或无价。

其实，不管用哪种方式来估算，成功才是硬道理。恒大模式是中超职业联赛成立以来最成功的俱母互哺模式。这也是可复制的模式。也使得国内许多俱乐部有了奋发向上冲击联赛冠军甚至是亚冠冠军的动力。

综合来说，虽然以上三种计算方式看似还有很多漏洞，也可能有失偏颇，但笔者是想通过这一方式得到一个估算值，让大家了解一下投入足球俱乐部的收益情况。实际上有些回报是无法用金钱去衡量的，如广州恒大获得亚洲冠军、世俱杯季军给中国带来的荣誉，广州恒大对国外球迷，特别是年轻球迷的影响力。而且，未来如果广州恒大要开辟世界性市场，有足球为其充当宣传先锋，也会顺畅得多。

小结

中国的企业精英们是多么的聪明，尽管没有理论指导，但他们敢于摸着石头过河。中超的平台，需要吸引更多的企业精英参与，我们要以大度的胸怀欢迎他们，让他们给中国球迷带来快乐，同时也把这一快乐分享给世界。

第六章　俱母互哺促联赛版权价值飙升

第一节　80亿版权的得利者

导读

中超各俱乐部作为一种持续性投资项目、经营性项目，联赛是其最重要的产品，因此，联赛版权的最终得利者也应该是足球俱乐部，这将减少母公司的资金压力。

当然，在中超，只要成绩好，造就足够的眼球聚焦效应，母公司并不十分看重足球俱乐部这个子公司盈利，因为它反哺给母公司的企业形象宣传价值，比这要高得多。

中超的故事很精彩，中超的版权故事同样精彩！

一、石破天惊的价格

时间还得回到2015年9月25日，体奥动力被广大球迷和媒体称为“一杆清台”，以5年80亿元的价格，购买了2016—2020年中超联赛电视公共信号制作及版权。

新闻一出，一石激起千层浪，国内外媒体都惊呆了。中国球迷也惊叫起来：我们的联赛真值钱！这版权是中超的起步价，还是中超的天花板呢？这些版权费会用到哪里去呢？

年均16个亿，如果与世界主流体育赛事在华版权价格相比，它是NBA的3倍，西甲的将近5倍，英超的将近10倍。那么，究竟是什么让体奥动力有这么大的魄力，一掷千金呢？

是的，体奥动力正是看到了中国球迷这个大市场，看到了中超的经营属性，认为一定能赚钱，至少不会亏本。但重要的是，他们也看到了中超联赛的公益属性。他们对中国球迷的认知是正能量的。球迷能代表一个国家的经济水平、精神面貌、内心追求。

根据国际惯例和市场游戏规则，这些钱将大部分返给赛事的真正制造者——各中超俱乐部。

球迷急切地想知道，接下来的赛季中，中超将会演绎出怎样的精彩。

二、中超制造者将受益

据报道，80亿元版权费，将从2016年开始，每年以10亿元、10亿元、15亿元、20亿元、25亿元逐步递增的分割方案，逐年支付给中超公司（2018年初，体奥动力因为2017中超新政，导致中超潜在的眼球效应下降，支付方案有所变化）。

当时，80亿元的价格，创造了中超版权的新纪录。

从20世纪90年代足球职业联赛诞生以来，前期的甲A就不用说了，即使在中超有史以来经营状况最好的2015赛季，其版权也只有不到1个亿，在7000万～8000万元之间。现在一年即将增加十几二十多倍。不过广大球迷也有一个疑问：中超足球俱乐部只是分钱不再投入了吗？

非也。如果俱乐部能给母公司带来更大的回报，给母公司带来巨大的企业形象宣传效应，他们肯定会继续投入的。当然，这也是有条件的，即联赛竞技质量得到提高。中超若能达到“小世界杯”级别，眼球效应会更好，比赛会更精彩、更好看，更受广大球迷的喜爱，那么，就会有更多的资本涌向中超，把中超做得更大更强。反之，如果联赛竞技质量降低，联赛的眼球经济效应就会随之降低，国内外球迷的关注度减少，这些资本也将撤离。

这笔资金将由体奥动力直接支付给中超公司，那么中超公司该如何分配这笔巨款呢？

中超公司的股权结构是中国足协出资36%，16家俱乐部出资64%（每家4%），虽然中国足协以其超过1/3、不足2/3的股权拥有对修改公司章程和变更公司性质，或公司解体等重大问题的否决权，但对于版权收入，中国足协并不会按照持股比例分配，不会拿走最大头。所以，版权费的大头是给各家俱乐部的。

中超版权忽然溢价，这一现象其实也符合商品经济的市场规律属性，而且这种现象在欧洲五大联赛已是司空见惯。

为了便于理解，我们把中超公司的版权运营分成淡季和旺季，同时做一下比较。

淡季时，从中超联赛有限责任公司章程的历史演变就知道，由于联赛环境恶劣，各俱乐部虽然名义上能分配到更多利益，但实际上的收入与它的投入相比只是杯水车薪。

当时曾有评论说，中超分红一年不如一年，还不如一个经营状况良好的中等饭店，其收入也要好过一家偌大的中超俱乐部。

2016年，中超迎来职业联赛开启以来的第一个旺季。中超以前版权分红的窘境，将在2016—2020年不复存在。在版权费连创新高的情况下，中超联赛的各项赞助费也水涨船高，单单是从版权费中分红10%的中国足协，未来五年仅联赛收入的分红就可以达到10亿元。就连2016年降级的杭州绿城、河北永昌，也拿到了6000多万元的分红。

若按当时的拍卖价，中超联赛第五年的版权费用是25亿元，这样各俱乐部拿到的分红将会超过1亿元。有评论说，虽然中超的砸钱热度连年暴涨，但得到的分红加之各类赞助，一家中小规模的中超俱乐部，已经可以自己养活自己，不再完全依赖母公司的投资。在这一点上，母公司倒是乐见其成。

当然，如果足球俱乐部本身就能盈利，就会吸引到国内更大的资本巨鳄，他们会把见不到效果的巨额广告费，投入到足球俱乐部。因为中超成功的模式就是俱母互哺模式。如果没有一家有丰富营养的母公司支撑，那么，靠自我生存的足球俱乐部，只有送人领养。同时，

国际球员、国内优秀球员人才，这些优质生产资料将被有实力的大公司抢去——只要仍在中超，球迷一样追捧，一样喝彩。那将有更精彩的中超赛事和中超故事，所以，中国球迷也会得利。

小结

足球是中国经济发展中需要挖掘的行业之一。不急，这才是起点。

第二节　中超 80 亿版权费是贵还是便宜

导读

球迷若以世界性的眼光看待中超版权，也许就会有不一样的认识，因为中国的经济发展是向世界发达国家看齐。

我们不与欧洲五大联赛发达国家的版权做比较，就会让我们鼠目寸光，中超价值也不会得到应有的尊重。

中超 80 亿版权费被许多人惊呼为“天价”，但拿它与欧洲五大联赛相比，这一数字还有明显的差距，这说明我们体育产业的“中国制造”，和先进国家相比还差得远。

这里，笔者摘选一篇新浪体育署名李哲的文章来略做说明，其题目为“中超版权 5 年 80 亿太贵？比欧洲五大联赛弱爆了”，其中的数据很值得参考，说法也比较中肯。

文章介绍说，体奥动力公司 5 年要向中超公司支付 80 亿元，年均 16 亿元，与中超 2015 年的版权费相比，上涨了 20 倍。尽管这一数字被业内惊呼为“天价”，但如果我们参照欧洲五大联赛就可以看出，虽然我国的经济总量已经上去了，但版权开发实际上还处于起步阶段，当然主要原因是我们的联赛竞技质量还不高，这一数字和欧洲五大联赛的版权费相比，还有明显的差距。

文章还对相邻国家及世界上的主要联赛进行了分析。

在亚洲，日本J联赛2015年的版权费大约为50亿日元，约合人民币2.5亿元；而中超联赛从2016年起，年均版权费飙升到16亿元，日本J联赛版权费只相当于中超联赛的15.6%，可谓小巫见大巫。近年来，日本J联赛引援的名气远远不如中超联赛，无论是从外援的身价，还是从版权费来看，中超联赛都开始逐渐对J联赛形成了压倒性优势。

那么，在亚洲称得上天文数字的中超版权费，放眼世界范围内又是怎样一个水准呢？我们先来看看世界上最高水平的篮球联赛NBA，2014年敲定的NBA新转播合同为期9年，总价值高达240亿美元，年均26.6亿美元，是现有合同的近3倍，从2015—2016赛季结束后生效。而中超联赛年均版权费约合2.5亿美元，还不到NBA的1/10。

再拿英超联赛的版权费来比较。英超联赛未来3年本土转播权卖出51.36亿英镑，约合69亿欧元，平均每个赛季高达23亿欧元，这是目前足球联赛版权费的最高历史纪录，相当于中超联赛的10倍。

而西甲联赛目前每个赛季的版权交易总价约为8亿欧元，其中还包括1/4的海外转播收入（中超海外版权费不到50万美元），按当时的汇率计算约合56亿元人民币，相当于中超联赛的3.5倍。目前，西甲球队单独与电视商谈判，但从2016—2017赛季开始，西甲联赛可能会实行集体出售，预计总收入将达到10亿欧元，其中海外版权翻倍将达到4亿欧元。这样将相当于中超的4.4倍。

意甲联赛每个赛季的转播收入为9.15亿欧元，这份合同一直签到了2018年，相当于中超的4倍。

德甲和德乙联赛则是打包出售，他们在2012年和德国天空电视台签订了4年合同，每年约4.86亿欧元，相当于中超的2.12倍。看上去差距不是很大，但考虑到这是2012年签订的合同，2015赛季结束后有可能会大幅提升，将远远高于中超。法甲联赛2012—2016年每个赛季可以获得6.07亿欧元的版权费，是中超的2.68倍，2016—2020年将增至7.48亿欧元，并且在2018—2024年还能够收获8000万欧元的海外版权收入。

由此可见，中超联赛从2016年起年均版权费虽然飙升到了令人瞠目结舌的年均16亿元，但与欧洲五大联赛相比，还有较大的差距。

中超是得到中国广大球迷的拥护而发展起来的，目前已有能力让世界范围内的球迷追捧，正是因为有了众多的球迷，才有了中国企业精英的投资热情，同时也生产了一定数量的GDP。趁着当前前景向好的这一局面，我们更应积极进取，要用全球眼光向世界一流联赛水平看齐，把这一无烟产业做大做强，使之成为中国体育文化的一张名片。

小结

要想把中超联赛的竞技水平提高到世界一流水准，就要放开外援引进和使用限制，使中超部分球队的竞争力达到欧洲俱乐部联赛冠军水平，那么，到时我们的版权费再增长10倍、20倍甚至更多也不是梦。而目前看来，我们离真正的繁荣、离真正的成功还差得太远，还有潜力可挖。

第三节 体奥动力把中超卖向世界是祸还是福

导读

国内球迷、媒体对中超版权能向世界销售是有一定惊喜的，可是大家并未深入分析其对中国产生的公益性对外宣传效应，也实在有些遗憾。

中超联赛要走向全球了。

可喜可贺。

2017年3月2日，中超联赛媒体合作伙伴和信号制作方体奥动力对外表示，中超联赛海外版权版图，目前已覆盖至96个国家和地区，未来还将有更多平台加入转播阵营。

继英国最大的付费卫星电视频道天空体育在2016赛季宣布转播中超联赛后，中国观众所熟悉的福克斯旗下的体育台也确认购买中超联赛版权。这项中国体育赛事

顶级 IP 将加速国际化。

埃蒙杰是体奥动力中超联赛电视媒体的合作伙伴，根据双方提供的数据，新赛季中超联赛的海外版权版图与上赛季相比，又有了大幅度的扩张。

2016 赛季，巴西、英国、法国、比利时等国已实现转播，2017 赛季的中超海外版图增加了德国、意大利、保加利亚、波兰等欧洲国家，海外播出平台增加至 20 多个，覆盖范围由 71 个国家和地区增长至 96 个国家和地区。

“中超联赛制造”彰显了中国体育产业发展的优良成果，同样是中国整体经济发展实力的体现，在带动相关产业的发展上，功不可没。它极大地推动了中国转播技术的提高和应用。海外转播对赛事信号制作水平的要求很高，以英国天空体育为例，它是经过长达半个赛季的考察和谈判，才确认购买英国地区中超联赛独家转播权益的。

与英国天空体育的合作情况相似，2017 赛季中超联赛将在福克斯旗下的（意大利及拉丁美洲）体育台播出，福克斯体育台拥有意甲、德甲、欧冠、南美解放者杯等全球重量级足球赛事的版权。业内人士认为，与这些全球顶级联赛并肩成为福克斯转播的赛事，不仅是对中超公用信号制作能力的充分认可，更足以证明中超联赛的品牌在海外市场受到了高度重视。

版权外卖，是中超迈出的可喜的一步。中超有了更多被世界级球员认知的平台，中超球迷看到的精彩赛事，能和全世界球迷共同分享，国人在对外交流中，也能通过新话题，与外国朋友加强沟通了。

曾几何时，欧洲五大联赛不知吸引了我们多少球迷的眼球，一场赛事的收看人数动辄上亿。现在不同了，我们互有往来，不仅可以让这些国家的球迷看看我们的联赛，而且也能够间接地宣传中国文化，何乐而不为呢？以前，传媒不发达，中超俱母互哺的模式还不成型，几乎没有一个企业精英能把母公司和足球俱乐部的收益嫁接好。造成我们的足球制造略显落后，没有更多的世界级球员人才参与，也就没有超强的眼球效应。现在有了世界级教练加盟，有了世界级明星球员带动，国内球员的球技也在提升，使我们的联赛上了一个档次，因此将版权卖到其他国家也就不足为奇了。

无疑，体奥动力把中超卖向世界是中国人的福气。

小结

1. 举办好、管理好、引导好中超联赛，与供给侧结构性改革相嫁接,就是要实现创新—协调—绿色—开放—共享的发展模式。这不只是中国足协一个机构的事，其他相关的经济产业部门也要重视，这些投入足球俱乐部的母公司经济体量是很大的，其年产值早已超过万亿元，而且足球产业本身的产出是无烟的，污染很小，完全符合国家产业发展政策，值得鼓励。

2. 中超版权外卖也在一定程度上弥补了我国知识产权贸易中的逆差，目前来看虽不多，但也算是摸到了石头，起了步，开始实现多赢。

第四节 “中超联赛制造”已向世界索得部分话语权

导读

中超对外隐性地宣传了中国，这也将为中国带来巨大的社会效益。

欧洲五大联赛宣传欧洲体育文化软实力，让世界足球球迷的眼球，不知一年有多少次要投向欧洲；美国的 NBA 宣传美国体育文化软实力，让世界篮球球迷的眼球，大量地投向美国；而“中超联赛制造”开始让 96 个国家和地区球迷的眼球投向中国。尽管中超现在还无法和欧洲五大联赛、美国的 NBA 相媲美，但已走出了第一步，能让 96 个国家和地区的观众付费，顺带还购买中国企业广告，实属不易。这得感谢体奥动力，是体奥动力帮助“中超联赛制造”走出了国门，让“中超联赛制造”在世界上取得了一定的话语权。

足球运动作为一个成熟的团队运动项目，被称为世界第一运动，世界球迷观众人数众多。利用“中超联赛制造”进行对外宣传，比我们重新开发一个体育项目，或重建一个媒体平台宣传要好、要快。重新开发项目或重建平台是可以，但花的时间成本、经济成本是相当大的，而且要像足球运动一样，在全世界拥有大量粉丝，需要一个相当长的过程。

目前，中国的整体经济处于转型期，“中国制造”正由粗放型向集约型转变，那么，“中国制造”产品向中高端市场迈进，怎么吸引世界级人才加盟？怎么让世界人民共享“中国制造”成果，让世界级人才也搭上中国经济发展的便车呢？中国对海外的宣传迫在眉睫。是投钱做广告，还是像中超一样既做了广告还能收钱，哪样划算，一目了然。因此，合理引导联赛健康发展，把它打造成世界级的联赛，形成“东方小世界杯”，是很有必要的，这会让中超在对海外宣传国家整体形象上达到事半功倍的效果。

从“中超联赛制造”的传播形式来看，我们完全可以把它看成是一个具有很强传播能力的、内容丰富的自媒体。通过电视、网络等媒介，它充分发挥其强大的宣传功能，让自身深入人心的同时，也在世界范围内索得了一定的话语权。

第一，“中超联赛制造”在宣传中国整体形象的同时，也展示了中国的经济实力。

中超对世界级球员的豪购，曾经一度让欧洲联赛经营者们惴惴不安。实际上，这是中国整体经济实力发展到一定程度后的自然需要。如果放在甲 A 时代，哪里会有这样的购买力。那时的俱乐部给个别球员开高薪资还行，但是要引进一个群体到中国来，并由各企业承担，这是无法想象的。现在，中国的整体经济实力逐渐变强后，我们引入了一批世界级球员，中超有了这些世界级足球人才，使中超联赛的竞争激烈了，国内球员的竞技水平也提高了，联赛自然更好看了，满足了广大球迷的精神享受。同时，这些世界级球员的到来，也吸引了大量国外球迷的关注，当然，他们也搭上便车，顺带对中国文化有了更多的了解。

第二，“中超联赛制造”用足球语言向海外宣传中国，超越了语言等障碍，丰富了内涵。

现在，世界更加多元多样化，多种文明、多种潮流在交锋和交流中共存，“中超联赛制造”在一定条件下，恰好可超越历史传统、文化语言、意识形态、社会制度等障碍，在不同文明之间架起沟通的桥梁。

足球运动是海外受众乐于接受的方式、易于理解的语言，能间接地传播中国道路、中国制度、中国理念、中国文化，让中国观点变成世界语汇，成为国际共识。这也为高端“中国制造”走向海外做了铺垫，做了正能量宣传。

第三，“中超联赛制造”直接向海外观众展示了“大国形象”。

“大国形象”也就是“文明大国形象”“东方大国形象”“负责任大国形象”和“社会主义大国形象”。这四种形象的综合体，就是中国故事必须塑造的中国形象。中超恰好可在宣传大国形象上，做出、做足自己特有的贡献。

第四，“中超联赛制造”经典成功案例为世界所认同。

中国在向世界讲述我们崛起的故事，顺应中国大势，中超的崛起故事一样精彩，我们可应用好“中超联赛制造”来向世界讲述。

为什么这么说呢?

首先是俱乐部成绩上有所突破。恒大两次夺得亚冠联赛冠军，而且和各大洲的俱乐部冠军队都有了交锋，世界球迷对中国足球有了一定的了解。

其次是世界级球员不断加入。广州恒大在2015年购买了在英超不得志的保利尼奥，使其重返巅峰的故事就很精彩。他在中超重生，重新进入了巴西国家队，而后又进入了世界最好的俱乐部——西甲的巴萨。除保利尼奥以外，中超还来了一大批在世界上都叫得响的球员，如上海上港的奥斯卡、胡尔克，上海申花的特维斯（尽管他没有找到在中超的踢球节奏），河北华夏幸福的拉维奇（他可是曾进入 2014 年世界杯决赛的阿根廷国家队球员）、热尔维尼奥等。海外球迷对他们都比较熟悉，他们在中超也有很多故事，一并向海外进行了传播，让海外观众对中超的认知更加直观。犹如我们通过欧洲五大联赛认识欧洲，通过 NBA 认识美国一样，目前，世界上许多国家也在依靠吸引公众眼球发展经济，宣传文化，展示他们的硬实力和软实力。

中超联赛背后的故事精彩纷呈。“中超联赛制造”使中超故事更为国际社会和海外受众所认同，同时对海外人才、资金具有一定的吸引力，为促进中外交流合作提供了更多可能性。

第五，“中超联赛制造”向海外观众宣传了“中国梦”。

实现中华民族伟大复兴的中国梦，是当代中国最宏大、最精彩的故事。中国梦是和平、发展、合作、共赢的梦，我们追求的是中国人民的福祉，也是各国人民共同的福祉。中国社会安定，是许多来到中超踢球的海外球员的共识。他们也向他们的国家、喜爱他的球迷做了宣传，而这些来自第三方的宣传，也才是最可信的，对于海外投资者、世界级人才有着强大的吸引力。我们要敞开胸怀迎接他们，让他们在中国生根发芽，那将为中国解决更多人员的就业问题，为国家创造更多的税收和财富。

中国故事，不仅是 14 亿中国人如何在“中国梦”感召下辛勤劳动，追求梦想的故事，也是世界足球人才在中超联赛和中国球员精诚合作，共创伟大足球事业的故事。中超联赛目前不仅为中国国家队培养球员，也为世界其他国家队服务，“中超联赛制造”不仅能够造福中国球迷，而且也会造福海外球迷。

小结

体奥动力把中超版权卖向全世界，会产生多赢的结果。除了能够发挥“中超联赛制造”强大的社会功能外，由此索得的话语权，不仅有益于对外宣传中国，且能够产生更多的正能量。

中　篇

中超的认识误区

中国男子职业足球联赛发展至今，已有 30 多年的历史。针对中超现状，社会上出现了许多认识误区，目前，还没有权威部门探讨、纠正，部分球迷不能明辨是非，实在遗憾。故此笔者从 10 个方面做了梳理总结，与读者分享。

第七章　中超的 10 个认识误区

第一节　只想“送出去”，不愿“请进来”

导读

对于中超的认识误区，其中一个就是认为只有“送出去”才能够培养出世界级球员，对“请进来”也能培养出世界级球员的信心不足，从而不敢全面放开外援政策来大幅提高联赛竞技质量。

中国足球职业联赛看似分级，从中冠（业余）到中乙再到中甲最后到中超，但对国内球员的技术水准、培养目标没有分级，也就是说，我们最终所要的 11 名国家队主力队员 +3 名替补队员，均是泛泛地培养。其实简单来说，就是业余队解决部分就业和爱好；中乙大量培养国内年轻球员；中甲则培养大量 U23 人才成为洲际级球员；中超则要培养 11 名主力队员 +3 名替补球员成为世界级球员。

为发展中国足球，国家出台了许多优惠政策，中国足协也很努力，不断探索与试验，利用各种方式，希望办好中超职业联赛以提高国家队成绩。但是,在目前国内球员“送不出去”的情况下，大家对是否“请进来”一批好的外援，思想并不统一；遇到世界级一流外援的引进时，特别是遇到需要大笔资金的情况，因顾及舆论，球队不敢出手。当然，也是因为我们还没有找到这些大牌球员全面保值增值的手段和方法。

要提高中国国家男子足球队的成绩，只能寄希望于我们的联赛能培养出一批优秀的成人国家队球员，让他们具备高超的洲际比赛能力，以及在世界大赛中的国际比赛能力。而国家队球员能力的培养，离不开相关各方的支持和帮助，使其在球员成熟年龄阶段（个别早熟的少年天才球员除外）能够顺利突破成长瓶颈，成为国家队需要的栋梁。

一、我国需要的国家队球员分级

为了便于理解，笔者把我们所需要的国家队球员，按已有的舆论惯例和期望值分为三级。

第一级是内斗级国家队球员。对这级球员，依照现有的中超联赛竞技水平就能达到培养目标。即我们可不用放开外援，甚至不要外援，只要我们国内球员就可以完成。当然，这样的联赛在发挥强大的社会功能方面，会大打折扣。

第二级是洲际级国家队球员。这就要求中超联赛的竞技质量必须达到亚洲一流水平，在其带动下，使国家队球员在亚洲层面有一定的竞争能力。这就需要有一定数量的准世界级球员来加盟，就如广州恒大夺取亚冠联赛冠军时的外援政策，通过优质外援提高中超联赛质量的同时，也让国内部分球员的竞技水平随之提升，达到具备洲际比赛的能力。因为我们缺乏准世界级球员人才，所以需要外援弥补这一短板。

第三级是世界级国家队球员。这要求中超联赛要有欧洲冠军联赛四强以上级别的球队才行，让我们的国家队球员包括替补球员，至少要有 14 名队员具备世界级球员的能力和水平。虽然我们的成人球员“送不出去”，但现在中超已有经济条件可“请进来”，把世界级一流球员吸引进来，以提高我们联赛的竞技水平。这就需要我们完全放开外援，把世界上一流的足球运动员请进来，把中超办成“东方小世界杯”，让国家队球员在成为世界级球员的关键阶段，有条件、有机会、有环境、有球赛质量，保证其能突破成长瓶颈。

二、“请进来”能提高当打之年的国家队球员的球技

笔者认为能真正提高国家队成绩的最好方法，是要大幅度提高中超联赛的竞技质量，让大量正值当打之年的中国国家队球员得到高质量的锻炼。在这一点上，很多人只看到了把国足球员“送出去”有利于培养成功的一面，而没有看到“请进来”也有可能培养成功的一面。

以我国球员郑智为例，他就是在当打之年参与了高质量的比赛，得到了充分的锻炼，保证了他的竞技能力的提高，同时获得了丰富的大赛经验，这使他成为这一阶段的中国国宝级球员。郑智也当选过亚洲足球先生，但在笔者眼中，他已超越了洲际级，成了准世界级球员。所以，即使已到 37 岁，中国国家队的世界杯预选赛 12 强赛时，还离不开他。

中超要让当打之年的国家队的中后卫们与当打之年的 C 罗、梅西、奥巴梅扬、科斯塔式的世界顶级前锋球员过招，也要让当打之年的国足前锋们与拉莫斯、马赛罗式的世界级后卫球员，以及诺伊尔式的世界级守门员较量，这样才能让国家队目前最需要提高的球员得到提高，让他们也成长为世界级球员。

三、当打之年的国家队球员的球技提高、状态保持更重要

国家队球员应该还是要以成年人为主，有的场次可能有 U23 球员，但一定不是大部分。当然，如果 U23 球员的水平已完全超过成人球员，已经完全具有国家队球员水平，那我们可以全用 U23 球员来代替成人国家队队员。

但，这可能吗？这种情况在足球强国巴西、阿根廷、意大利、德国都没有出现过。

所以，让成人国家队球员参加高质量的比赛，才是提高国家队成绩的关键。

中国国家队成绩不好的原因，大多数球迷都知道，就是因为我们缺少洲际级、国际级一流球员，缺乏这些人才。某批 U23 球员并不一定能成长为优秀球员，他们的成长也具有极大的不确定性，如果总是期待他们来提升国家队的成绩，无异于望梅止渴。只有我们把当打之年或需要急速提高的成年球员，放在具有欧洲五大联赛竞技质量的联赛里，把他们培养成洲际级、世界级一流球员，才有出路。

如果不扬长避短，解决当打之年的国家队球员的高质量比赛问题，国家队成绩是很难保证的。我们只有让成人球员在黄金年龄段不断提升球技，特别是在 24~28 岁的提升期和状态保持期得到持续锻炼才行。中国目前最成功的球员郑智，27 岁才到欧洲踢球，他在这一阶段参加的高质量比赛，对于其竞技水平的提升是非常重要的。中超一定要让适龄国家队成员得到上场的机会，踢上高质量的比赛，才有可能真正实现国家队成绩的飞跃。

四、“送出去”的当打之年的国家队球员得不到最好的锻炼

目前，国内球迷都知道，提高我们成人国家队球员的竞技水平的

方法之一，就是把当打之年的国足队员送出去，送到欧洲五大联赛去踢球。

U23 新政也是同样的出发点，是想把我们的 U23 球员放到联赛中进行锻炼，但国家队的成绩要持续得到保障，只押注于某一个年龄段的球员是不明智的。

2017 年，中国国家队成员中最小的是 19 岁的张玉宁，最大的是 37 岁的郑智。这样看来，在国家队比赛时，一个年龄段不可能囊括国内最好的球员。24~28 岁年龄段的成人球员，如果他们能走出去，能踢上高质量的比赛，这样一定能锻炼出我们国家队需要的优秀球员。笔者为了说得更清楚透彻一点，做了如下 4 种推演。

推演一：最低愿望是能把 24~28 岁年龄段的国家队球员送到欧洲稍次但比中超水平高的葡萄牙、荷兰等联赛踢上主力。

推演二：如果再进一步，能把 24~28 岁年龄段的国家队球员送到欧洲五大联赛俱乐部中踢上主力更好。

推演三：再进一步，要是能把 24~28 岁年龄段的国家队球员送到欧洲五大联赛中，在欧洲冠军联赛能进四强的球队踢上主力就相当好了。

推演四：最高愿望就是能把 24~28 岁年龄段的国家队球员送到欧洲五大联赛中，在欧洲冠军联赛上能进决赛的球队中踢上主力，并成为决定性球员。

这样，我们就不愁世界杯预选赛出不了亚洲，如果有五六个这样的球员，可能连获得世界杯冠军都不是奢望。

可是大家都知道，我们“送不出去”，人家不要我们的球员，或去了以后，也是被冷落的居多。近几年，中国也有很多球员出去过。他们要么打几场无关痛痒的比赛，要么连当替补的机会都没有。

五、中超能否广泛“请进来”锤炼当打之年的国家队球员

和世界一流足球高手过招的机会还有吗？有。

我们的提升之路被堵死了吗？还没有。

我们现在“送不出去”，但是可以“请进来”。

中超完全可以放开外援，用“请进来”的方式，把联赛中的部分队伍的竞技水平提高到欧洲冠军联赛四强的水平，让中超也像欧洲五大联赛一样培养出我们的世界级“精品”球员。数量并不要太多，只要能选出来上场的 11 个人就可，泛泛地培养出不了世界级的“精品”球员。

高质量的外援能帮助国内球员提高竞技水平，促进国内球员的成长，这在广州恒大介入中超后，已经在一定程度上试验成功了。其中典型的如郜林，他已成长为国内顶级球员，能和优秀外援竞争上岗，和其他球队的优秀外援同场竞技不落下风。广州恒大在亚洲冠军联赛中，是让亚洲所有球队都心怀忌惮的，那就是因为他们请进高水平的球员、教练员，把国内球员的竞技水平带出来了，训练出来了，不断地和高水平外援训练、竞技，也把国内球员的信心建立起来了。

事在人为，许多不可能的事，只要运作好都能变成可能。

我们一定不要扬短避长，而是要扬长避短。我们“送不出去”，现在却可以“请进来”，把我们的联赛办成真正的世界级联赛。中国的人力资源这么丰富，在世界级的联赛制造平台上，肯定会锻造出一大批世界级球员的，一定要有自信。

欧洲五大联赛也是人为组织成功的职业赛事，现在已形成了他们自己独有的足球体育文化氛围，已经形成了一定的体育文化底蕴，但我们还是有机会追赶上他们的。现在条件越来越成熟了。我们可以学习他们引进世界级球员的方法，因为这种引进的方式综合胜率极高，是可行的。中超引进世界级一流球员来提高联赛质量，是弥补我们目前缺乏国内世界级球员的明智之举，等到五年、十年过后，大家看看，一定会出成果的。

中超要用“请进来”的方式提高联赛质量，那就要全面放开外援（包括门将），充分地发挥中超俱乐部母公司经济实力越来越强劲的优势，迎合中国企业精英渴望购买世界级一流球员的雄心和需要（这也是我们最重要的世界级优势）。若中超俱乐部的母公司投入资金，把当前排名前100位的世界一流的足球运动员，大部分都请到中超来，那中超肯定就是名副其实的“东方小世界杯”了。中国的企业精英们早就在觊觎这些世界级一流人才了，他们也想把企业展示给世界。

六、“请进来”后国内U23优秀球员同样有很多上场机会

中超大量聘请世界一流球员，大家可能会想，这样很多中国球员是不是就很难踢上比赛啊。前期确实如此，但这总比我们的球员去欧

洲五大联赛一个也上不了场要好，至少我们的中场球员、后卫队员、守门员的机会还是很多的。这就是要在竞争中挖掘国产中场球员、前锋队员。中超只要培养出能上场的11个、替补3个，共14个精品球员就行。

再说，他们一定会上不了场吗？

别急，别急，别急！欧洲球队接收中国球员，许多时候都被媒体讽刺是为了中国大市场。那么，如果中超真让母公司出资把世界一流外援引进来了，你们相信中国的这些企业精英们会冷落中国国家队队员吗？这些俱乐部会冷落有能力提升的中国年轻的U23球员吗？实际上，可能连准国家队队员他们都不会错过。因为母公司的国内市场需要本土球员。而且，真正世界超一流的球员，如果都被中超大量购买，那欧洲五大联赛的自留地都没有了，他们也要留一部分，而缺的人员从哪里来呢，肯定是中国球员优先。

中国球员需要和世界顶级足球人才切磋，不要怕花钱把他们请进来。中超联赛强大的社会功能，一定会给中国社会带来更广泛的收益。

这些人才是给中国整体社会带来财富的。只要运作好、开发好，他们本身是有保值增值功能的，我们要利用他们为“中超制造”服务，不仅打造出国内球员的世界级水平，还生产出更高的附加价值来。

在这些世界级球员的带动下，中国一定会迅速涌现出一批优秀的国内球员。我们要自信，中国目前的一大批球员是能和高水平的外援一起锻造成世界级球员的。在笔者眼中，颜骏凌、武磊、韦世豪、张琳芃、张稀哲、张玉宁等人，只要在关键的提升期内得到高水平的锻炼，这些球员大部分是能成长为世界级球员的。我们不能只局限于让U23球员得到锻炼，不能指望我们的U23球员都是少年梅西、少年姆巴佩、少年博扬、少年阿杜、少年桑多斯，要知道，就连C罗也是23岁以后才真正成为世界级巨星的。

七、“请进来”提高当打之年的国家队球员的条件逐渐成熟

要让国家队成绩得到提高，要让正在为国家队服务的球员得到提升，不能只靠U23球员。U23球员需要提升，其他年龄段的球员也都需要提高，不能顾此失彼。中超得另外想办法，童子军应该给正在打仗的正规军让路，让真正的成人球员有高质量的比赛踢，这才是关键。

这就是笔者讲的，我们“送不出去”，可以“请进来”，把我们的联赛质量提高，发挥中国职业足球的优势，特别是资金、市场的优势，规避中超缺少世界级国内球员、竞技质量不高的短板。中超要充分发挥成功的俱母互哺模式，以使国家队与俱乐部在世界大赛上的成绩得到充分提高，使联赛及球员有竞争能力。这就好比我们的企业打开大门与世界同行竞争一样，在中国加入WTO前，担忧中国企业生命力的人很多，哪知我们的企业现在经营得更好，而且发挥出了中国人的智慧，“中国制造”质量也大为提高。现在，华为等许多企业的产品已经向世界一流的精品迈进了。

中超联赛正处于上升期，中国成人足球的竞技水平也在上升期，中国不少有实力的企业精英人士，其企业也在向世界级一流企业的行列挺进，中国不少企业也渴望其产品走向世界，中超要办成“东方小世界杯”的各方面条件越来越成熟。

八、“请进来”让“中国制造”增加收益

为什么我们只把目标定在培养国内“内斗级”球员呢?

在这一点上，印度人的做法可以借鉴。据媒体报道，他们新成立的印度超级联赛还专门规定要多引进世界级球员，虽然这一联赛不属于官方体系，但其试验很成功。

只有让我们的球员参加竞争激烈的比赛，把中超打造成世界级平台，甚至是打造成“东方小世界杯”，中国国足才有希望获得世界杯冠军。

我们引进的外援，他们不只是球员，也是人才，是国内外青少年球迷眼中的偶像，是中超联赛制造所需要的高端生产资料、原材料。我们只要放开外援政策，很多世界级球员就很快会被中国各俱乐部收入中超这个“囊”中。这应该是中国球迷的一大幸事。

中超要请进外援来提高联赛质量，一方面要和欧洲五大联赛接轨，除竞技部分外，后勤工作上也要与欧洲看齐；另一方面也要保持我们联赛自身商业开发的优势，要认清联赛的经营性就是企业行为、商业行为。这是无烟制造，要充分利用这一资源，把中超最大的经济价值挖掘出来。

在中超规范化问题上，有些是该规范，但不要把自己成功的模式扼杀掉，生搬硬套去和欧洲完全接轨。比如，俱乐部名称强制使用中性名词，母公司就是靠这名字给其带来广告宣传效应，却被要求去掉，怎么可行？非要如此，就会严重挫伤母公司投入的积极性，给母公司的反哺宣传也将大打折扣，使“中国制造”得不到充分的宣传，中超联赛的经济力无法充分地体现。相反，我们要发挥母公司的资金优势和中国的市场优势，把世界级球员吸引进来，提高我们联赛的竞技质量，让中超不仅有中国价值，而且有世界价值。这样，中国成人国家队球员才会真正受益，国家队成绩也一定不会差。

小结

1. 在中超，得到上场保护的应该是最近 1~2 年内的国家队主力球员，不管他是 U23、U22，还是成人球员，只要是近期的国家队球员即可。

2. 仅培养 U23 球员，让真正需要提高的成人球员得不到提高，只能是死循环，等于给今后的国足成绩挖了一个大坑。用“望梅止渴”的方式解决不了成人国家队球员当前的问题，要提高国家队的成绩，必须让当打之年的国足队员参加高水平的比赛。

3. 青训只是日本足球成功的因素之一，此外他们还不断举办“丰田杯”“世俱杯”等比赛让日本球员与世界一流球员近距离真枪真刀地切磋；欧洲采用的则是典型的把世界级一流球员“请进来”的方式，从而使本国球员得到锻炼。我们要想提高国家队的成绩，同样需要加大“请进来”的力度，这样成功的概率就会高得多。

第二节 “中国式溺爱”促进国内球员成长

导读

中国古人智慧地总结出了“生于忧患，死于安乐”这一至理名言。

科学家认为，人天生是有竞争性的，不积极参与竞争就会退化，会被环境用不同的方式淘汰。事实上，不管是自己参与竞争，还是观看他人竞争，均很吸引人。这也许就是竞技体育受观众欢迎的原因之一。若对竞技体育发展不进则退的这种现象认识不清或认识不准确，是否会误人子弟？

中国球员怎么才能成长为世界级球员，甚至世界巨星呢，那就是要让他们在世界上竞争最激烈的地方生存下来。中超目前的竞争力显然不够。在“送不出去”的情况下，我们可用“请进来”的方式提高联赛的竞技水平，中国足球就是要打造这一高质量的竞争平台。

“天才就是 1% 的灵感加上 99% 的汗水”，相信许多球迷都知道这个道理。笔者的个人观点是，中超有这 1% 灵感的国内球员多的是，只是缺少如欧洲五大联赛那样的竞技平台，没有得到科学系统的训练，潜能没有得到最充分的开发，即使也付出了不少汗水，却收效甚微。韩国球员孙兴慜在英超大杀四方，他能行，中国球员也应该行，只是我们没有找到有效的方法而已。

要想成功，就需要中国球员充分挖掘自身潜能，向世界级球员学习，与他们切磋技艺，与他们竞争。从最初的仰望，到平等竞技，伺机打平手，到偶尔胜出，到超越他们，然后，让胜利成为一种习惯，这是中国球员提升至世界级球员的必经之路。

但是，一段时间以来，“中国式溺爱”在中超表现得尤为突出。例如，对于U23球员的上场人数和时间的要求，对于引进和使用外援的限制，等等。这样看起来，好像是让国内球员生活在了襁褓中，生怕受到外界一丝风雨的冲击。国内球员不参与竞争上岗的考验，不参与欧洲五大联赛式的残酷锤炼，又怎么能成长为高质量的世界级足球人才呢?

当然，如果没有解决办法，那就不用笔者在这里多说了，但我们现在有解决的条件和方法却不用，实在是遗憾。

中超的国内球员很多都想提高自己的竞技水平，也想参加世界级竞争，我们就不要让“中国式溺爱”误了一代又一代。特别是踢球的年轻人，他们本有机会成为世界级球员的。就像中超由广州恒大介入，提高了中超整体的竞争能力，也培养出了洲际级人才（以获得亚冠联赛冠军为标准）。根据我们的需要，如只是培养被球迷称为“内斗级”的球员，减少外援参与无可厚非，现在的U23、引援新政均可行；若是培养洲际级球员，就要以恒大俱乐部夺得亚洲冠军联赛冠军时的外援数量为标准；若是培养国际级球员，要想在世界杯比赛上有所作为，中超则要完全放开外援限制（当然也可以以球队有获得欧洲冠军联赛冠军或世界俱乐部冠军联赛冠军的能力为标准），鲇鱼一出现，沙丁鱼们也会变得像鲨鱼般勇猛和聪明。

人的竞争性是不是天生的，是不是推动人类优胜劣汰的原动力，科学家没有给出过准确的解释。但在竞技体育中，运动员如果没有积极拼搏进取的精神，没有参与竞争的能力，是不容易成功的，这也是自然法则。

“不要觉得自己是失败者，因为你曾经打败过上亿的竞争者”，其实，人类每个个体在出生前的孕育过程中就参与过充分的竞争。科学家证实，在人类中，每个个体变成母体内的胚胎前，每次都有几千万到几亿个精子参与竞争，一般只有一个精子会脱颖而出，这个胜利者在争夺生命的赛跑中，战胜数以亿计的对手，延续了自己的生命。无疑，精子是人体内竞争最为强烈的细胞，这是不是给人类植入了必然要参与竞争的因子呢?

人的竞争积极性是有天生成分的，这是人类发挥主观能动性，推动人类社会不断进步而实现新陈代谢的原动力。

在竞技体育中，只有充满竞争精神、拼搏进取精神的球员，才能最大限度地激发自己的潜力，不断缩小自己与世界级球员的差距，甚至最后成为一名优秀的世界级球员

对于中国国内球员，关心是可以的，但不能过度溺爱。

中超要完全放开外援，把中国球员放到竞争更为激烈的平台中锻炼，从而让国内球员的竞技水平提高得更快，球员的人生发展之路走得更好。

对于中超而言，我们已具备适应全面放开外援的内部实力和动力。我们要合理利用中国企业精英想向世界展示中国企业及产品的愿望，要合理利用球队最重要的资金投入，要合理利用中国大市场这个体量，要合理利用中国球员想提高自己的心理，要合理利用世界级教练团队想在中超做出成绩的心愿，要合理利用部分世界级球员对中超的认知，要合理利用中国大部分球迷的期望，要合理利用中国整体经济对外宣传的需要，等等。这会产生多赢的结局，大家无不对全面放开外援充满希望。

中国社会各界都渴望，中超能成为在世界上有竞争能力的联赛，也希望中超办出“东方小世界杯”的水平。

如果世界级外教在中超有了世界一流球员，就如高级厨师有了上等食材，能烹饪出一桌丰盛的大餐一样，他们也能尽最大努力展示自己的教练能力，展示自己的聪明才智，在他们的带动下，相信中超也一定能锻造出国产的世界级足球人才。

小结

1. 中国要吸引世界级人才，中国人也是能直面竞争的。

2. 中国的弱势项目更要有世界眼光，积极向世界级看齐。中超要全面发展，需要世界级人才的加入，当然，国内球员也要居安思危，不要安于现状。

第三节　政策多变对足球发展基金有影响

导读

中超联赛的竞技水平如果大幅度提高到欧洲五大联赛的水平，中国足协将会在版权提成、广告赞助、商业开发等正能量收益上获得更高回报，这将高度反哺到国内足球事业。反之，若政策多变，则会影响到中超联赛的正常发展，进而影响到足球发展基金的创收。

中超前期的发展与中国经济的发展一样，必须是弯道再加一定的速度才能实现超车。否则，中超就没有办法追上欧洲五大联赛的发展脚步，也没有办法使这一具有强大社会功能的运动项目，与中国各行业产生共振，实现多赢，进而得到广大球迷的拥护。当然，第一步就是中国足协要和中超各俱乐部的利益相一致，不能伤害他们的积极性。

在中国足协与中超各俱乐部的不断摸索下，中超球队的引进外援质量已大为提高，中超联赛已取得长足进步，球员的竞技水平也得到了大幅提高。许多俱乐部均取得了成功，给母公司的广告宣传反哺之力也很大。这也使得中国足协在会员费、版权提成金额上均有大幅增加。

经过 20 多年的发展，中国足协在经费来源上已有了一定的改善。

据媒体报道，中国足协聘请的瑞华会计师事务所，对其出具的中国足协2016年度财务报告审计意见进行了说明。据事务所透露，2016年中国足协总体收入7.64亿元，各项成本、税金支出5.48亿元，2016年底资产总额为6.41亿元，负债2.42亿元，净资产3.99亿元。

目前，中国整体经济发展了，这也推动了中超职业联赛走入快车道。采取俱母互哺模式，中超各队也找到了企业与足球俱乐部的最佳嫁接点。中超俱乐部的各种投入，特别是世界级球员和教练员的投入，放大了中超的眼球效应。但从2017年以来，中国足协出台一系列对职业联赛发展有着重大影响的政策，在一定程度上压缩了俱乐部发展的空间，进而降低了俱乐部用眼球经济反哺母公司的价值，断了俱乐部的财路，就是足协自断财路。

原因一：2017中超新政使中超各俱乐部不敢引进真正的世界级一流球员，有劲使不出，使俱乐部眼球经济收益大幅减少，从而降低了给予足协的支援。在俱母互哺模式中，足球俱乐部发展起来后，通过反哺，也能够使投入职业足球的各家母公司不断发展壮大，而反过来又使大多数母公司有资金实力投入到中超职业俱乐部建设中，从而使球队在教练员、球员、俱乐部后勤等方面都有极大的保障。特别是一些优秀的世界级球员，这一中超联赛制造最重要的生产资料的加入，放大了中超的眼球功能，而俱乐部在洲际比赛中的成绩也有所提高。广州恒大介入足球后，只用了5年时间便两次夺得亚冠冠军。广州恒大的强势介入，这一鲇鱼效应促使中超其他俱乐部也紧张起来，均不同程度地增加了投资力度。而新政导致的联赛质量下降，让中超俱乐部夺取洲际冠军、世界俱乐部冠军的难度加大，眼球效应大大降低，更不能充分反哺俱乐部母公司，使这些母公司的投入积极性也随之降低。

原因二:政策的不稳定性，压制了中超母公司队伍的扩大，更“孵化”不了中小俱乐部。随着中国整体经济的发展，中国企业在不断壮大。现在不管是国有企业，还是民营企业，都已不满足于国内市场，也不满足于国内形象的宣传，而是要向世界宣传自己，“中国制造”已经走向世界，发展速度也震惊了世界。党中央、国务院为了使中国经济健康、良性地发展，正在进行供给侧结构性改革，中国整体经济已不满足于粗放型，而是向集约型转变，向高精尖方向挺进。中国的高铁已经走向世界，现在大飞机 C919 等科技含量高的产品也逐渐走向世界。上海上港等运输企业在向世界大企业的行列迈进，房地产虽然具有内需特性，但房地产行业介入的商铺、开发区、工业园区、农业园区、高新区、大数据产业园区等也是世界性的。比如，华夏幸福在河北经济开发区开发的各种园区，里面就有很多是外向型企业，华夏幸福就是为这些外向型企业服务的。房地产行业也为中国的经济做出了巨大贡献，许多投资者在房地产行业挖到第一桶金后，又投入到了中国制造业。这些都为中超联赛提供了源源不断的、具有实力的母公司资源。但不稳定的政策又使这些母公司轻易不敢接下足球俱乐部这个大单，这就会让中超捡了芝麻丢了西瓜。

当一些俱乐部支撑不了时，只有通过卖球员、转让股权来维持，但如果没人接手的话就只能破产了，这样不仅“孵化”不了中小型俱乐部，而且还造成了球员踢不上球等一系列问题。

原因三：广州恒大的成功，会让各俱乐部重新审视参与的条件，如若条件不一样，就将会使他们举棋不定，影响母公司投入，从而影响联赛收益。广州恒大曾经因参与亚冠比赛注册了 7 个外援。当时这一政策对广州恒大取得洲际冠军是有利的，也带动了国内球员的成长。目前，中国企业精英想要通过一定的手段和渠道，向世界发出声音，彰显他们的实力，宣传他们的产品。这些企业家凭借着自己的聪明才智，把眼光最终瞄准了中国男子职业足球——这一中国体育产业中发展得相对比较完善的运动。其中的佼佼者或带头人广州恒大，在企业掌舵人许家印的带领下，用具有前瞻性的、独到的足球人才引进战略，把中超原有的俱乐部成绩格局打乱，使中超各队在资金投入上有了显著的提升，从而保障了俱乐部成绩，使联赛竞技质量大为提高。许家印通过介入足球后的冲刺，突破母公司的发展瓶颈，7 年后，他本人一度坐上了中国首富的宝座。但广州恒大集团的项目主要在国内市场，当时广州恒大的成功，也主要是吸引了国内球迷的眼球，现在许多介入中国足球的大企业，更多的是要面向世界市场，如果不能用世界级球员来吸引全球消费者眼球，跟风者将慎重投入。

原因四：中超的大多数母公司有实力引进世界级一流人才，但新政限制其发挥，从而影响中超版权收益。俱母互哺模式之所以能够在中超成功，是因为母公司看中了足球俱乐部成绩对其整体形象的宣传，一旦联赛质量下降，失去这一眼球效应，势必会让中国企业的精英群体重新审视中超职业足球。

原因五：新政对世界级足球人才投奔中超的信心也是一大打击，从而使中超缺少当打之年的世界级顶尖球员，大大影响联赛竞技水平和眼球效应。据媒体报道，当时中国的企业精英们正要动手了，昂首阔步向这些世界级人才、联赛制造的高端生产资料、原材料发出召唤了，科斯塔谈得差不多了，奥巴梅扬也做好了准备，中超新政一出，这些球员后来都和欧洲俱乐部签了约，违约金也被中超刺激得翻了好多倍。

争夺世界级人才本来就是一场没有硝烟的战争，中超却不让中国的企业精英们有效利用资金这一重型武器，简直是自断臂膀。

原因六：引援新政给企业大大加重了外援这一高端生产资料、原材料的购进成本，从而加重了足球俱乐部负担。本来，中超前两年豪购世界级球员的势头，一度让欧洲五大联赛的俱乐部都为之咋舌。但一转眼，限价、限外援、上 U23 球员，不用欧洲俱乐部提高违约金，中超俱乐部就买不起了。这些政策给中超俱乐部引进世界级人才设置了巨大的障碍。目前，中超已有条件让更多有实力的俱乐部母公司投入资金来参与，可与世界豪门们掰手腕、争人才，是好事。豪购世界级足球人才也是一种投资，是有回报的，部分新政如果不科学，将会产生联动效应，一损俱损，联赛竞争能力不够，版权卖不好，足协分成也会变少。

小结

1. 中超广开财源的方式是可取的，这是发展体育这一无烟产业所必需的，小到为中国企业及球员服务，大到为中国整体经济对外宣传服务，实现多赢。

2. 中超职业联赛的发展，也使中超联赛制造的版权收益水涨船高，2015 年卖出了接下来 5 年 80 亿元的价格。中超职业联赛参与模式已经多元化，中超现在的发展也是造血式的发展，这让中国足协的资金有了一定的保证，积累了一定的实力。

第四节　中国企业精英投资中国足球不理智

中超俱乐部豪购世界级足球运动员的行为，在球迷中间产生了不小的看法分歧。中超各俱乐部和母公司到底是炫富者，还是投资者？

实际上，球迷只要从经济学的角度分析，就知道他们乐此不疲的原因了——他们不愿意当守财奴，就如足球比赛一样，是在积极进取，是在追求更丰厚的收益。

许多球迷认为中国企业精英投资中国足球，特别是高价购买国内球员、外援时都很不理智，甚至显得有点“人傻钱多”，果真如此吗？

当广州恒大在足球上取得了巨大的成功后，国内企业精英看到中超的正能量宣传力，他们投资中国职业足球的积极性被调动起来，并不断加码。因为这一独特的项目使恒大收获颇丰，也让国内企业精英界看清了足球的回报率，当然，这也是因为企业家们的思维和我们大多数球迷不一样。据笔者初步估算，广州恒大通过足球就节约了至少上千亿元的广告费，而且这种宣传效果可能是投入上千亿元硬广告都达不到的。单就俱乐部获得的洲际性冠军来说，可以想象，今后只要有亚洲俱乐部比赛，直播节目中肯定会经常提到恒大已取得的成绩，对这一成绩的持续性宣传，会使广州恒大获得几代人的关注。因此，不仅是许多企业跃跃欲试想加入其中，而且已经介入的企业也想加大投资力度，为其企业整体形象宣传服务。

就在各职业俱乐部争相引进大牌球员时，舆论环境变了，如果外援来中超成功了，则把企业领导夸上了天；若是失败了，则认为他们太不理智。典型的如广州恒大购入J. 马丁内斯，上海申花购入特维斯。部分球迷、媒体没有认清他们是中超联赛制造的高端原材料、生产资料的属性，认为浪费了纳税人的钱，他们的言论在一定程度上影响了管理者背后的智囊团，于是，一纸新政发出，让母公司不敢下手了。实际上，我们应该欢迎世界一流人才的到来，借助他们，可以提高我们联赛的生产力，制造出更多精彩的中超体育大片。打个比方，如果中国的生产力水平提高了，而制造高铁、飞机或火箭等的重要材料国内没有，需要向国外高价购进，难道不行吗？

这些投资中超的企业家真的不理智吗？

实际上他们是最聪明最精明的群体，他们明白企业需要什么，需要什么样的生产资料，需要什么样的原材料，需要什么样的人才，怎样组合才更经济，他们大都心中有数。这些企业家处于不同的行业，

他们是这一行业的尖端人才，中国整体经济的腾飞有他们的功劳，国家一样特别需要他们，球迷也心甘情愿地需要他们。在亚冠决赛时，许多球迷买不到票，大家抢着送钱送不出去。恒大培育了市场，当然褒奖者居多，但非议者也不少，这些企业精英也经常被说三道四，不过要相信，人无完人。中国夺得亚冠联赛冠军，中国球员的自信才刚刚开始建立，体育竞技需要的就是积极拼搏、不服输的精神，优秀人才均在找高手过招，以提高自己，只有和更强的球队比赛，才能激发自己的潜能和斗志，才能勇往直前。这些相信都已被中国企业精英看在了眼里。

中超要充分应用好企业家的智慧，只要每个人一点点地做好每一件事，积累起来，将会成就中超伟大的事业。就如恒大开启了中国俱乐部获得亚洲联赛冠军之先河，这实在是让人提气。

广州恒大足球俱乐部的母公司主营房地产，母公司的主营收入是靠国内消费市场来带动，他们也在试探做成国际性企业，目前正涉足汽车制造业等。广州恒大实践性地说明了，足球俱乐部只有获得中超冠军 + 亚冠冠军，母公司每年才能得到免费的几百亿元的宣传价值，俱母互哺模式只有在中国才应用得最好，欧洲五大联赛都不行。许家印仰仗中国国内消费市场就能给他一度支撑起中国首富的地位，如果他离开中国足球，每年再花几百亿元投入到企业广告宣传上去，不仅本身达不到中国消费者口口相传的目的，而且体现在其资产负债表上的成本就要增加几百亿元；或广告宣传的目标没有达成，这不仅会让投入的广告费打水漂，也意味着他的主营销售收入将大大减少。

实际上，中超母公司的产值异常庞大，不需要足球俱乐部本身的盈利来作为支撑，他们在足球上的投入，远远小于单纯的媒体广告投入，而且足球项目是有效的广告，是大杠杆，以小撬大，他们得到的商誉价值更大。当然，母公司需要这样的舆论——俱乐部自己造血，对母公司的各种宣传推广还要大力支持，即母公司不再花钱，甚至把投入足球队的资金通过版权费、门票收入等直接赚回来，但母公司的企业名称形象仍要出现在球队及其各项赛事活动中，无偿地为母公司做宣传。这样分析起来，你还认为他们不理智吗？

当时许家印提出三到五年夺取亚冠联赛冠军，有不少足球专业人士均表示质疑。从这点来看，所谓的专业人做专业事，讲得非常在理，足球专业人士虽然在足球知识、技能上没得说，但在公司化运营、用人眼光及前瞻性上都存在一定的局限。

中超俱乐部成功的营运前锋许家印的经典运作被复制、被仿效，很好。只不过，竞技运动只有获得冠军才能为其带来无穷的正能量宣传，而对于中超球队来说，每年有含金量的冠军只有一两个。

恒大两次夺得亚冠联赛冠军，在世俱杯比赛上也大放异彩，这给恒大集团带来了巨大的隐形收益。

所以，球迷认为这些精英不理智，实在是个大误会。

你们觉得体奥动力、平安保险等不理智吗？如果中超联赛没有了竞争力，没有了眼球经济效应，他们会长期不理智下去吗？即使台面上的大当家、大股东同意，可能其他小股东未必会同意，因为那是在让他们赔钱，让他们得不到分红，长期亏损下去，企业也会破产。

以前，没有人研究揭示中国企业精英投资足球带来的广告收益，因为这属于半经营半公益行为，所以口头上他们只讲公益，经营的隐性收益却闭口不谈，但是球迷们不要忘记了，他们其实是在偷着数钱呢。

在当今世界各国的较量中，体育文化软实力以其强势的影响发挥出了标杆效应，以其影响的深度和广度而具有品牌联动效应，为投资

其中的企业带来了长期的收益。最典型的就是广州恒大足球俱乐部通过陆续引进巴西优质外援，并取得不俗战绩，树立了其在巴西的广泛影响力，如果换作是单纯地打母公司企业形象广告，人家能认账吗？

小结

1. 球迷认为中国企业精英不理智，这纯属误解。

2. 中国企业精英们通过中超向世界宣传，发出中国需要世界级一流人才的声音。这是正能量。

第五节　世界级外援是消费品

导读

球迷只要应用经济学常识，充分看到中超职业联赛的经营性，就会明白中超限制人才引进一事，确实值得商榷。

中超对外援的认识很有局限性，认为他们只是球踢得好而已，没有完全把他们定位为人才。这实在是一大认识误区。

中超在外援引进上有质的改变，是从广州恒大开始的。广州恒大俱乐部于 2011 年 7 月投资 1000 万美元引进孔卡，2012 年 5 月又投资 850 万欧元引进德甲射手巴里奥斯，后来江苏苏宁投资 5000 万欧元引进特谢拉，上海上港投资 5580 万欧元引进巴西球员胡尔克，以及投资 6100 万欧元引进才 25 岁的奥斯卡。一时间，中国球迷、媒体不淡定了，不满的声音四起，不少人认为这是在花费纳税人的钱。

这些企业精英也许没有像笔者这样做经济理论分析，但他们是实干家，他们认为引进高水平足球人才，能提高子公司足球俱乐部的成绩，能给企业带来巨大的广告宣传回报。这是最有效的企业形象宣传，既可以节约大量的广告费，又能给股东带来分红。像许家印的广州恒大一样，当企业发展到一个瓶颈寻求突破时，就需要一个以小撬大节约广告费的项目来宣传企业，关键是投出的钱要有效果。

按当时的引进费用看，这些外援的价格确实不低，但这些球员不

是一般性的生产资料，而是中超联赛制造、中超 GDP 制造的优质生产资料、原材料。中国企业精英们认识到了这些球员的性质和价值，而球迷却并不认可。

当中国精明的企业精英瞄准当时西班牙甲级联赛的标志性人物 C 罗、梅西等一流人才，已经把英超切尔西曾经的头牌射手科斯塔、德甲曾经的射手王奥巴梅扬的心都吸引过来时，广大球迷的态度变化了。

在很多球迷的心中，这些世界级球员被定位为消费品，而不是定位为生产资料、原材料。球迷不认可的声音也影响到了决策层。中国足协规定引进外援的价格每名每次不能超过约 600 万欧元，折合人民币 4500 万元左右。如果按此限价，中超各俱乐部可能均无法引进世界一流球员，中国年轻人的眼球仍将要继续投向欧洲五大联赛了。而欧洲人也觉得，中超联赛制造用世界二三流的球员就行了，用点世界足球人才的边角废料，或用点过气球员的残值就可以了；你们的那顶王冠根本就造不出来，也不配镶嵌世界上最好的宝石，不配镶嵌世界上最亮的明珠，世界年轻人的眼球就应该集中在我们欧洲五大联赛。

限制外援的声音暂时占了上风，但中超的企业精英是不信邪的。他们仍然渴望把中超打造成世界上最好的王冠级联赛，想购买一流的宝石，甚至是钻石，通过世界级教练精加工后，镶在中超这顶王冠之上。

世界级外援是人才，是精品生产资料，中超要发展成世界级联赛，迫切需要这些人才。许家印的世界俱乐部排名前二十的梦想，目前仅仅依赖我国球员是实现不了的，至少短期内达不到。这就要使世界级人才为我所用。

欧美国家不也喜欢世界的顶尖运动人才吗？他们为此花的代价一点也不比我们少，我们就怎么不能向他们学习呢？

以前中超得不到外援的青睐，主要是因为我们整体的经济实力较弱、国内的联赛竞争能力有限，但现在我们的经济实力已经达到了，能给他们开出高薪，联赛竞技水平也上了一个层次，他们是没有理由不来的。经济基础决定上层建筑，一定程度上也决定大多数人才的流向。因为他们也要养家糊口，也想让他们的家庭成员过上好日子。中超需要世界一流球员，就和阿里巴巴、华为等高科技企业需要世界级人才是一个道理，有人才加盟，中国才能生产出世界一流的产品。

不要怕高薪引进外援和外教，他们能给联赛、企业乃至国家带来更大的回报。就如20世纪我国改革开放时引进的外资外企，我们给予他们的政策非常优厚，现在带动国内经济发展了，也培养了许多经营人才和管理人才。

中超联赛吸引了世界足球人才到中国来，不仅提高了中超联赛制造的质量，而且通过世界级球员的鲇鱼效应，带动了国内球员努力提高球技。

因此，中超不能把吸引人才当作空话，而且不能向世界发出我们不需要世界级人才的声音。

欧洲五大联赛为什么能够持续繁荣，是因为他们重视人才，合理使用人才，并且保持人才的比例均衡。为了避免相互之间随意挖人，他们还制订了财政公平原则，以防一流球员都流失到一个联赛之中。现在，我们是没有人限制，反倒自己把自己限制了。由于“引援调节费”的开征，国内俱乐部在引进一流球员时就有了需双倍付出的顾虑，因此只能削减这方面的费用，这样的结果就是抢人失败，影响了俱乐部的成绩和企业形象，版权没有竞争力，卖不出去。尤其是缺少了优质的生产资料，国内外球迷就不会相信你制造的是世界一流产品，也就不会高溢价买单了。

小结

1. 把高水平球员当作消费品的定位实在不准，这些世界级球员是来弥补我们的人才短板的，中国正需要这些世界级人才。

2. 如果向外发出的声音是负能量的，可能就会让世界上真正的人才望而却步。

第六节　国足的成绩要靠 U23

导读

中超新政包括 U23 新政、外援新政等施行以来，通过一段时间的实践，逐渐显露出了一些“副作用”。一是中超联赛的比赛节奏大大地降低；二是球队整体竞技水平有所下降；三是在对当打之年的成人国足队员的培养上失去平衡；四是一些与国际接轨的战术派不上用场；五是球员的竞技潜力得不到最大限度的开发；六是频繁更换 U23 球员，与国际比赛规则、国际比赛节奏不一致。

其导致的结果可能就是，未来几年甚至十几年，俱乐部成绩和国足成绩都难以得到保证。

放眼世界，U23 的世界级一流球员凤毛麟角。他们也需要经过长期的锤炼。即使 U23 球员能踢上球，踢好球，但并不能保证他们今后一定能够成为洲际级甚至国际级人才。

对于 2017 年的中超新政，尤其是其中的 U23 使用政策，到底是好是坏，可能每个人都有着不同的看法。

笔者认为，中超 U23 新政，在一定程度上降低了联赛竞技的质量。为什么这么说呢?

首先，把 U23 球员强行加入球队出场阵容中，会使球队成绩大打折扣。中国的 U23 球员普遍欠缺大赛经验，虽然偶尔也会有天才级水平的发挥，但大多数并不突出。表面上看他们与成人球员只有一点点差距，但就是这一点点差距，却可能会造成球队成绩相差十万八千里。

其次，中国没有那么多优秀的年轻球员可供中超俱乐部选择，为了迎合政策，让能力不足、各项要求没有达标的 U23 球员勉强参加比赛，比赛的过程可想而知。

最后，U23 球员的强行加入，可能会打乱原有团队的默契，破坏正常的比赛节奏，造成球员之间的不信任，产生矛盾，进而影响到球员整体竞技能力的发挥。

我们的球员在竞技质量一点点下降的联赛里比赛，能提高自己的水平吗？而且长期习惯于这种比赛节奏，一旦参加洲际性甚至国际性比赛，我们的球员又怎么能适应呢？

可能许多人会觉得，联赛质量只是下降了这么一点点，并不算什么。但眼光挑剔的国外球迷就不一定能够认可了，这样的话，将来体奥动力还能把中超版权再卖给他们的国家吗？世界上的年轻球迷还能把眼球转向中国吗？

我们的球员现在需要的是一点点地提高，而不是一点点地下降。我们国家队的成绩，要靠国足队员参加高质量的联赛来保证。如反其道而行之，好不容易兴盛起来的中超联赛，就有可能又会沉沦下去。

如果中超继续执行目前的 U23 政策，那么处于成熟阶段的球员参加的比赛就会相应地减少，或参加高质量的比赛更少了。在中超各俱乐部刚执行新政时，比赛中可能没过几分钟就会把 U23 球员换下场，或者在最后几分钟才换上他们，换人原本是期望改变比赛节奏的策略性行为，现在却成了鸡肋，没有一点战术含量。

而且，球队中的那些成人球员，也就是我们国家队的基础性人才，正处在需要提升的阶段，需要大量高质量比赛的锤炼，在这种节奏里踢球，肯定会影响他们能力的发挥，球技也无法得到提高。就连巴西球员、前几年中超联赛的射手王埃尔克森（现入籍中国，改名艾克森），在上港时有将近一年因为参加比赛较少，踢不上高质量的比赛，他的状态都出现了明显的下滑。我们的国家队球员，本身就比埃尔克森的能力要差不少，现在为了锻炼 U23 球员，而失去了提升和锻炼自己的机会，这样又怎么能保证今后国家队比赛的成绩呢?

中超培养自己的世界级球员，与青训工作一样重要。但目前的方法一定不是最好的方法，一定不能因噎废食，而要找出更加智慧的方法来解决 U23 球员的踢球问题，决不能以牺牲我们的联赛质量为代价。

“中超联赛制造”GDP 是我国 80 多万亿元 GDP 中的一部分，同时它还在持续地向全世界的球迷宣传着中国形象，鉴于此，针对中超的许多政策在制定时必须要慎重。强制 U23 球员上场，同时减少外援，会使我们联赛的竞争能力下降，说实话，这就像生产企业使用了不合格的原材料一样。我们一方面想生产出世界上质量最好的联赛产品，另一方面又不准企业使用高端的生产资料、原材料，这肯定会阻碍“中超联赛制造”向世界级加工水平前进的步伐。

在中超俱母互哺的成功模式中，其子公司只是为母公司作嫁衣，子公司本身在足球运营中盈利甚微甚至经常亏损，但比赛所带来的广告宣传效应，特别是在球队获取优异成绩后所得到的持续的新闻报道，会让母公司的企业形象和商誉大大提升。而取得优异成绩的前提是，要确保球队拥有更好的生产资料、原材料式的球员。不合格、不优质是不符合足球产业经济学的。

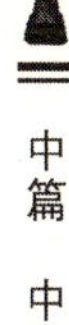

首先，从我们的U23球员的竞技能力来看，是不合格的。在欧洲五大联赛中，如果不具备顶级联赛的比赛能力，他们是不会刻意安排年轻人上场的，都是循序渐进的。当然，一旦球员的能力达到了，则会优先让他们上场，比如姆巴佩，还有年少时的梅西。欧洲这些成熟的联赛是不会让不成熟的球员上场而降低比赛竞技质量的。

其次，用U23球员作为“中超联赛制造”人才，而不使用最优质的世界级生产资料，难以保证产品质量。从中超联赛对社会的直接和间接贡献来看，各俱乐部也完完全全是生产性的企业，而且是有中国特色的精神产品制造企业。他们给全世界制造视觉产品、体育巨片，现在却要把它办成类似于技校的场所，这一定会影响到企业的生产质量。

若不认清这一问题的实质，我们将会在世界上失去一大块无烟产业阵地和传播阵地。

笔者认为，其实完全可以把U23球员放在中甲、中乙联赛中进行分级锻炼，或者也可以发挥中国社会力量丰富的特点，让主营青少年用品的企业参与，设计一些青少年的联赛、杯赛、巡回比赛等。2018年初有报道说中国要举办青年联赛，这个思路就很好。中超现在需要极大的勇气和智慧，放开外援政策，让国内成人球员在中超竞争上岗，当然，U23球员中有水平的球员也可以上，这样也会产生好球员，甚至靠我们的联赛就可以锤炼出我们需要的世界级球员。通过这种方式成才的数量虽少，但这都是国家需要的精品人才。

小结

1. U23政策的施行，使24岁以上30岁以下的国足主力球员没有了高质量的比赛锻炼，突破不了球技提升的瓶颈，也难以保持好的竞技状态。

2. “中超联赛制造”具有一半的公益性，还有一半的经营性，要两手同时抓，两手都要硬，只有这样，中超才能走入繁荣的新时代。

第七节　母公司做不好也要搞足球

导读

世界上大多数成功的职业足球俱乐部和联赛都是公司化运作，也就是企业化。

若嫁接得好，足球俱乐部的竞技活动是能给母公司以巨大的企业形象广告宣传反哺的，不用好这一无形资产，对投入的母公司来说是一大浪费。

如不认识清楚中超特有的俱母互哺模式，一味地为足球而足球，一味地为豪情而豪情，稍有不慎，则会造成相互伤害。

中超特有的成功模式，就是俱母互哺模式，如果背离这一模式，不能互哺，则会成为相互的拖累，甚至把母子公司拖垮。“母公司不做也要做好足球”语虽豪放，但这是不可取的。

曾几何时，中超被某些球迷和媒体称为“金元足球”。这是自然的，足球属于资本密集型产业，就需要有足够的资本投入。但投资人及管理者有一些言论是不科学的，他们豪言自己的母公司即使垮掉了，也要做足球，或把足球俱乐部留在某地，这也对球迷和媒体造成了一定的误导。实际上，在中超，只有俱母健康互哺才能相互发展壮大。

这些看似破釜沉舟式的豪言不仅经不起推敲，而且对正在运营中的足球俱乐部也是不负责任的。因足球联赛本身是公司化运营，其投资人及管理者的言论稍有不慎就会变成负能量传播，不能给球员信心，不能给社会信心。俱乐部给外界传递出来的信号如果是负能量的，将会让人产生两大认识误区。

误区一：认为母公司不健康也可搞足球。其实明眼人一看就明白，这种想法太过片面，母公司一定要健康，否则怎么能养好足球俱乐部这个“孩子”。职业足球属于一种资金密集型产业，这就要求母公司不仅要有足够的资本，掌舵人还要聪明，知道足球俱乐部这个子公司能给母公司带来丰厚的回报，能给母公司企业带来正能量的形象宣传。如广州恒大的许家印，不仅自己大投入，还想办法筹集资金，把马云也拉了过来。当然，这也是中超的魅力所在。虽看似资金巨大，实际上，与花费到媒体身上的巨额广告费相比，是以最小的投入，换取数十倍甚至上百倍的企业形象广告宣传效益的回报。关键这是有效的宣传，健康的宣传。不然，投放给媒体的高昂的广告宣传费也会拖累公司，主营产品也将因成本太高而不容易销售。

中超联赛为什么能够火起来，就是因为俱母互哺模式的成功，就是因为中国的企业精英们，或多或少地看到了运作好足球俱乐部这个子公司，能为母公司带来巨大的企业形象宣传回报，只要两者嫁接得好，就能使企业增长产生核裂变的经济效应。而反过来说，母公司也是足球俱乐部的靠山，没有母公司的支撑，俱乐部就无法生存，这与“皮之不存，毛将焉附”的道理是相同的。打一个比方，母公司就如一个母亲，俱乐部就如她刚出生的幼儿，他们是互相依赖、互助互爱的一家人，如果母亲身体不好，或是死了，儿子就没有母乳喝，可能就要把他送人，若没有及时送出，或没有人愿意接收，那么这个孩子多半得夭折。像大连阿尔滨俱乐部、四川力达士俱乐部等，都是很好的例子。

当然了，儿子养好了，开发好了他的潜能，就如同中超联赛的职业俱乐部，在中国这个大家庭中，把经济发展起来了，就能帮助母公司有更好的发展。最早的时候，大连万达足球同样给王健林的企业带来了巨大的宣传价值，用恒大估算方式计算王健林先生所获得的回报，同样适用。

随着中国整体经济的发展，下一步足协放开外援应该是大势所趋，也不会再强制使用U23球员上场。有俱乐部想要把梅西或C罗引进来，这种方式也就是隐射（或暗喻、隐喻）宣传他的产品是世界一流，或对世界一流品质的追求。这是广告中经常使用的隐喻手法。所以，你认为企业是为炫富而买球员吗？其实他们的骨子里还是为企业的发展壮大而谋划，是为母公司的迅速成长而出手，是为把企业扩张成世界级企业而甘愿“冒天下之大不韪”。

误区二：母公司没有资本也要自养，对自养的艰辛程度缺乏充分认识，对会造成相互的拖累而有可能破产没有理智的预防。如果没有母公司输送的资金，足球俱乐部将举步维艰。在中超，母公司不健康了，大多数只有转让的命、解散的命，或优胜劣汰的命、苟延残喘的命。就如四川成都天诚俱乐部及众多中乙俱乐部和业余俱乐部，不仅拿不到好成绩，反而还会不断降级，甚至解散，他们给母公司带来的宣传也是消极的，其形象是非正能量的，其主营业务也不会好，双方互相拖累。

投入足球俱乐部的母公司，必须要认清俱母互哺模式所带来的企业文化价值、竞技价值和产业价值，并且嫁接好、经营好，才能实现双赢。

如果母公司企业做不好还要搞足球，就很难充分地哺乳俱乐部，讲再多的豪言都将变成空话；要互动，要互哺，才能实现双赢甚至多赢。企业家必须要把足球俱乐部这一平台嫁接好，就如许家印那样要多头兼顾，因为中超成功的模式，就是足球俱乐部背后有大企业集团或财团补充支持，足球俱乐部冲在前面，用成绩为母公司扩大企业形象宣传，让母公司得利。

所以，母公司企业必须经营好，足球只是为母公司服务的工具而已，只有母子公司嫁接得好，能产生互动，中国的大市场才能给母公司以足够的回报。企业家的豪语与“中国梦”一脉相承，企业也是实践者，企业的主营业务必须扬帆前进。

小结

1. 母亲不健康，何谈养出健壮的孩子。

2.“母公司做不好也要搞足球”，有此言论和想法者，可以休矣，这会让足球俱乐部这个孩子更加不自信。

第八节 体奥动力盲目追高 80 亿元版权是泡沫

导读

中国球迷仅仅看到了 80 亿这一数字，却没有认识到我国已经成为全球第二大经济体的事实，没有想到我国 2017 年已达 27 万亿元的对外贸易交易量，更没有把它与欧洲五大联赛、美国 NBA 的版权费做比较，而单纯地抛出“泡沫论”，这既是对处于蓬勃发展之中的中超的不尊重，也是对自己缺乏信心，不愿积极拼搏进取的一种表现。

笔者认为目前的 80 亿元版权并不是泡沫，而是中超版权逐渐升值比肩世界的开始。

理由一：目前的版权和中国 GDP 相匹配。2017 年 10 月 18 日，中国共产党第十九次全国代表大会召开，公布了 2017 年中国的 GDP 将达 82 万亿元。而 2015 年中超未来 5 年的版权价格 80 亿元，大约是中国 2017 年 GDP 的万分之一。2017 年，体育产业总规模约为 2.2 万亿元，占国内 GDP 的比重本就偏低，而如果把这 80 亿元放到一个其万倍量级的整体中来看的话，显然这一数字并不虚高。

目前，我国的经济体量、市场消费能力，在世界上已是领先的。中超如果能够抓住国内企业精英热情高涨的这一良机，围绕中资企业的资金实力、中国大市场这两大优势，做好、做实品牌经济，预计几年后，我们的版权完全可以和欧洲五大联赛竞争，向他们看齐。

理由二：与欧洲五大联赛的版权费相比，中国体育版权的潜力值得深挖。中超版权和真正的繁荣，还差得很远。

有经济学家预测，中国未来的 GDP 总量将超过欧盟。那么我们的版权应该是欧洲五大联赛的总和才对，这样看来，80 亿元还是泡沫吗?

与欧洲五大联赛及美国 NBA 相比，中超的眼球经济潜力还深深地埋藏在中国社会中。知识产权的内容变现前途无量，体奥动力以 5 年 80 亿元拍得中超版权，就是挖掘中国知识产权价值的代表行为之一。当然，目前中超的竞技水平还不够，没有放开外援，中超联赛制造的生产资料、原材料还不是世界上最优质的，中超这座富矿还有待进一步开发。但是，中超版权卖出 80 亿元这一事件，一定会使其吸引到更多投资者和球迷的关注，更多的人会参与进来，带动联赛进一步发展、繁荣。到那时，中超版权的价值肯定还会翻上几番。

理由三：版权外卖这才开始，犹如小孩子才出生，只不过它比普通的孩子要大、要重，哪来的泡沫。中超作为我国最强大的体育赛事，虽然与国外的一些联赛相比还是有差距，但是这个差距在逐渐变小，市场已经证明它的版权价格是合理的。体奥动力在取得中超版权后，也一直在努力推进中超联赛版权的海外推广工作，随着 ESPN 加入中超联赛海外阵营，中超联赛的品牌热度进一步在全球升温。2016 年，中超联赛的海外播出平台增至 20 多个，覆盖范围扩大至 96 个国家和地区，未来将有更多平台加入转播阵营。

理由四：若没有高版权收益，中超也就反哺不到足协和国家队。

总之，认为体奥动力是虚抬物价，觉得 80 亿元版权费是泡沫，这种认识存在一些误区。这是无视中国整体经济的发展，无视中国人民钱包鼓起来后的消费力和精神诉求。

小结

1. 80亿元是泡沫这种说法是非常片面的。我们不能目光短浅，要有世界眼光，要有和世界一流联赛相比的雄心和壮志。

2. 我们要用世界性眼光来举办我们的联赛，要和欧洲五大联赛竞争，只有这样，中超才有前途，中国国家队的成绩才有保证。

3. 目前的80亿元只是起步，还有很深的潜力可挖。

第九节　投资人是在花广大纳税人的钱

导读

目前，国内球迷对中超各俱乐部的最大误解之一，就是认为母公司对俱乐部的各项投入，花的是广大纳税人的钱。

目前，有部分球迷、媒体错误地认为中超俱乐部的投资人是用纳税人的钱购买内援外援，发高薪，发高额奖金，这是一个很大的误解。其实，只要稍有一点税收常识，对这种观点略加分析，就知道它是站不住脚的。

在俱母互哺模式下，中超联赛的俱乐部实际上就是一个企业。母公司给俱乐部投入资金，其产权也完全归母公司所有。像重庆力帆的股权转让、贵州恒丰智诚的股权转让、广州恒大足球俱乐部最初从广药购入，都是经济行为，对国家是有交易税、所得税等税收贡献的；其子公司足球俱乐部都是具有独立法人资格的一个企业，其盈利或亏损都由母公司承担。母公司对俱乐部的一系列投入，包括球员、教练、训练基地、后勤人员保障、主客场比赛的食宿交通等费用，都出自俱乐部和母公司的自有资金。这些资金具有投资性质，是母公司投入到子公司足球俱乐部，用于购买生产资料、原材料等的资本金，是母公司做足球这个生意的本钱，也是做母公司广告宣传的本钱。当然，他们投入巨大，肯定也是希望得到高回报的。只是这些回报方式，有些

明显能看得见，有些从表面上看不见而已。看得见的收益是子公司足球俱乐部的显性经营收益，看不见的收益是给母公司所做的企业形象宣传。职业足球由于它的半公益性，偶尔确实也沾了一点公益的光，比如建球场等给的优惠，但实质上，足球俱乐部作为母公司的一员，更是在给中国社会做贡献，他们实际上是真正的纳税人。

拿球员交易来说，它能激发企业活力，使企业的资金变成活水，而且对国家税收也能做出一点贡献。

以保利尼奥为例，虽然他后来被广州恒大从巴萨俱乐部购买回来，但这并不影响之前的交易行为。广州恒大之前以 1400 万欧元买进，以 4000 万欧元卖出，中间 2600 万欧元差价是要上税的，以当时的增值税率 3% 计算，那也得纳税 120 万欧元（折合人民币 1000 多万元），我们还没算附加税，如果是盈利的话还得上所得税，税率一般是 25%。当然，目前广州恒大足球俱乐部总体是亏损的，所得税这一部分不用上缴。但是，潜在的税收是有的。比如说，河南建业、延边足球曾有几年是盈利的，则一样要上缴所得税，税收至少应该是百万元级的。

国内球员也一样。据报道，江苏苏宁俱乐部卖出球员任航，交易价格据传是 8000 万元，这么大的金额是必须要上缴增值税（以前叫营业税）的，减免不了。那么，按税率 3% 计算，最低也得 240 万元。当然，如果按 17% 的增值税率计算，因引进他的费用较低，把扣除额减去，俱乐部上缴的税额更大。而作为华夏幸福来说，支出了这笔费用，则要把母公司经营得更好，才能收回这 8000 万元。这就迫使母公司要增加经营的积极性，就如足球比赛一样，要积极主动拼搏奋斗，有这样的战斗精神，才能把企业经营好。母、子公司另外的增收不仅能创税，还能带动就业、带动消费等。球员因表现好，获得高薪酬、高奖金，这是相对的按劳分配、按功行赏行为，能够刺激球员积极拼搏，甚至不怕受伤、流血。而球队发给球员的高薪酬、高奖金同样要上缴个人所得税，球员获得的高薪酬、高奖金超出一定的范围时，其所得税率甚至会高过企业所得税率，仅从这一点来说，其对国家税收的贡献并不亚于企业。如果企业把应发的这些职工福利如高薪酬、高奖金等放在自己的口袋里，俱乐部就吸引不了一流的球员人才，也激发不了球员的全部潜力，企业的资金也就变成了死钱。将这些薪酬、奖金发给球队有功人员——球员，再由其分配给其中的一部分家属，这样球员及其家属就可以把这些钱用于投资或消费，企业资金呈倒金字塔向下发散流动，增加了内需，刺激了经济发展。

球员作为一种生产资料、原材料，在中国特殊的环境下，他们的适度溢价，反而可以刺激生产，对企业和国家有益，能够实现多赢。不然的话，我们这些企业的资金就会像一潭死水，我们的经济也不会活起来。

当然，也有球迷会说，中超外援中，只有保利尼奥给中超贡献了荣誉和现金收入；而其他人，典型的如特维斯，就让俱乐部亏大了。

目前在中超，确实是只有保利尼奥的交易算是上佳的，也给中超树立了榜样。但如果我们能够放开外援，完全靠市场调节，让我们的联赛队伍中多几支具有欧洲冠军联赛竞技水平的球队，使联赛竞争力提高，那么，类似保利尼奥这样产生交易价值的案例就会更多，他们保值，而且能够增值。这样，我们在引进球员上，也将不会受到更多的压榨，被迫过高溢价购入——因为外籍球员认为中超联赛竞争力不强，来中超会降低他们的竞技水平。如果中超有世界一流球员参与，而且联赛竞技质量也高，外援认为来中超同样能提高竞技水平，同样能实现自己的职业理想，他们是不会太多溢价的。同时，国内球员不管是成熟球员，还是年轻的天才球员，都不会出现太大的泡沫，因为这些低价优质的外援加入竞争，能够在很大程度上抑制泡沫，使国内球员的价格保持一个合理的水平。

企业出资高价购买球员，一些球迷甚至部分媒体认为是花了广大纳税人的钱，这是不准确的。企业是中超联赛制造的投资者，他们用企业的资本金购入生产资料、原材料式球员、教练员，是一种投入，是通过俱母互哺模式，母子公司合体来制造中超 GDP，他们才是真正的纳税人。和普通人相比，他们的贡献要高、质量更好（无烟的）。

中超强大的社会功能之一，就是给国家创造税收，而这些企业、足球俱乐部、足球人才是最好的纳税人。

小结

中超的运营者要学会运用经济学常识来引导社会舆论，否则，就会产生不利于中超发展的负能量宣传，不利于联赛健康高速发展。如何提高踢球技艺是教练和球员的事，但如何经营好中超，更好地为国家做出贡献，则是管理者的事，也要让球迷明白这一点。

第十节 青训只押宝于各俱乐部

青训是很重要，但并不能解决中国足球的全部问题。

中国一定要成为足球人才的输送地吗？日本、英国作为岛国，资源并不丰富，许多生产资料、原材料都需要进口，但他们却能出口一些优质的终端产品。那是为什么？因为他们有世界上成熟的科技人才，有一流的技术工人，能加工出优质的产品。

中超要成为成熟人才的使用地才是明智之举。要抓好联赛这个本，才能把青训这个根也带动起来。

足协现在强加给各俱乐部一些政策，让他们把主业、副业一起抓。当然，这对于有实力的俱乐部是可以的，但对一些中小俱乐部，这种抑主业联赛，扬副业青少年培训的做法，就有点强人所难了。足协要求中超俱乐部青训的本意不差，但要设计得更加智慧一点方好。

由于中超各俱乐部有成功的俱母互哺模式做支撑，让中国一些企业精英发现了中超球队潜在的宣传价值，虽然他们也许并不知道值多少，但认可中超球队宣传的有效性。经过笔者的估算，一个亚洲俱乐部冠军在中国产生的广泛宣传价值及衍生宣传价值有300亿元左右，相当于中国有3亿球迷，俱乐部在每个球迷身上无偿获得了100元的宣传费。当然，也只有在中国才能实现这一价值，中国人口基数、自身相关性、整体消费能力、购买力决定了它确实值这个价。

为了解决 U23 球员踢球问题，在国内举办青年联赛就很好，但不能牺牲成人联赛。同时，要兼顾孵化中小俱乐部，许多政策不能一刀切。

据媒体报道，从 2019 年起，中国足协将正式实施“梯队捆绑俱乐部注册制度”。这意味着中超和中甲的俱乐部将必须独立拥有各自的 U13 ~ U19 五级梯队，而中乙俱乐部必须拥有 U13 ~ U15 三级梯队，并且必须代表俱乐部参加中国足协正式举办的各级联赛，否则中国足协将不给相关俱乐部进行注册。

此外，新制度明确规定，中超和中甲俱乐部的五级梯队、中乙俱乐部的三级梯队，都必须是以俱乐部名义注册，不能再以过去“挂靠”的方式蒙混过关。此前，中国足协也曾经规定过各俱乐部的梯队数量，但是没有所有权等方面的明确要求，所以很多俱乐部为了省事，便将社会机构的队伍挂靠在自己名下。

有很多人士对这一制度称好，笔者觉得，在不影响俱乐部主业的情况下，也是好事，但一定要支持各俱乐部先把联赛这个主业做好。这才是中国足球发展的重要途径。不然，中国足球将永远解不了渴，永远没有成熟果子吃。

中国地域这么广阔，有些省份连乙级队都没有，如果我们把青训工作只押宝在中超、中甲、中乙俱乐部的话，面不广，并不能对中国实现全覆盖。如果只押宝各俱乐部，一旦联赛进入低潮时期，许多母公司放弃投入足球，这反而可能让中国足球走入死胡同。俱乐部的副业负担影响到主业投入，企业反哺不到俱乐部，使其主业的竞争力也受到影响，有相当数量的中小俱乐部将会被拖累，特别是中甲、中乙俱乐部。青岛中能、浙江绿城的青训一度搞得很好，但母公司对俱乐部的主业反哺不够，最终让他们降了级。主业和副业不分会打击投资人的积极性，得不偿失，同时，把那些优秀的低龄孩子都放在俱乐部，他们的文化教育怎么办？这不能只看恒大、鲁能，而是要兼顾中超大多数俱乐部的实际情况，实事求是。

目前，中超最重要的是协助俱乐部把主业做好，使主业实现真正的繁荣。中超联赛的发展需要和欧洲竞争，我们要做大气的、世界性的、有世界影响力的联赛，为中国社会服务。如果俱乐部把主要精力放在副业上，或由于副业拖累了主业，就可能使母公司得不偿失，而萌生退意。

对此，笔者有以下 7 点建议。

建议一：中国要有足够数量的孩子愿意来踢球，要把这一问题解决好。

这就需要发动中国父母，使他们愿意送孩子来踢球，这才是解决中国足球人才少的根本所在。

中国的孩子大部分是靠父母确定其前途的。如果觉得孩子踢不出来，没有前途，中国的家长是不会送小孩来踢球的。目前的情况是，中国这么多人口，注册球员人数还比不过欧洲的一些小国。虽然现在国内球员的收入较高，对部分家长有一点吸引力，但不少家长还是认为踢球是吃青春饭，在这短暂的时间内必须把自己一辈子的吃穿用度都赚足。2017 中超新政让年轻球员的收入大大提高，很多年轻球员没有付出最大的努力就腰缠万贯，对于这些还没有成熟、不会自律的年轻人，笔者对他们能否健康成长是有忧虑的。反而是没有通过积极拼搏竞争却踢上了球，并不能保证他们一定成才，以前被媒体大肆吹捧的巴萨的博扬、美国的阿杜，现在连他们的影子都不见了。也就是说，2017 中超 U23 新政保证球员能踢上球，但并不能保证他们一定能成才，一定能成为国家队随时需要的人才，一定能成为洲际级、世界级足球人才。足协一定要搭建好平台，让年轻球员通过自己的努力参与到高质量的比赛中，在竞争中成长，在压力下提高，经过一番磨炼后脱颖而出，这才是中国国家队真正需要的人才。不然，年轻球员就有被捧杀的危险。

更多的家长都是希望孩子有长远的出路，而不是短期成为“暴发户”，这样家长反而更担心。青训设计者要兼顾国家队的短期和长期需要，这样才能给踢球的孩子找到正确的出路。

笔者认为，要解决踢球孩子的出路问题，首先就是要最大限度地保证他们能踢上职业比赛。目前，国内球员踢球的出路是很窄的。2017 年，中国只有 48 家职业足球俱乐部，每个俱乐部按注册 25 名球员计算，也就只有 1200 名球员就业，其中包括外援。这样看来，中国职业足球俱乐部的数量实在是太少。英国不管是经济体量还是人口基数都远不如中国，但他们却有 92 家职业俱乐部。中国的职业俱乐部的数量完全可以和他们看齐，甚至更多。如果放开外援，把俱母互哺模式的好处用到极致，多数省份都可以养得起一家中超俱乐部，笔者计算了一下，最大容量可超过 30 支中超球队（按现在的中超投入规模计算）。前几年有评论说中国的足球俱乐部是倒金字塔式的建制，认为高一级的联赛球队数量过多会影响发展。笔者不这样认为，在各级联赛中，只有中超球队才更吸引投资人。这是中国职业足球自己摸索出来的成功模式，就要发扬。欧洲五大联赛大多数都是 20 支球队，中国完全可以建设至少 24 支中超球队，发挥职业足球超强的社会功能，为我国的经济建设服务。这一方面可以带动更多球员就业，另一方面也可以解决一些球员踢不上比赛的问题，因为球队数量越多，每年增加的比赛场次就会越多。同时，中超可增加不同技术风格的球队，使参加中超的球员得到广泛的锻炼。

其次就是可以引导球员退役后向中小学体育教师方向发展。可以请中国足协或中超各俱乐部中的全国人大代表或政协委员联合做一个科学恰当的提案，让中国足协、教育部和社会保障部等部门合作，在中国各中小学的义务教育阶段，把足球课开到校园，当踢过职业足球的球员退役后，为其直接解决编制当教员。比如，踢过乙级队 20 场以上的球员，可获得初级专业技术职称，当小学足球培训基础老师；踢过中甲 20 场以上的球员，可获得中级专业技术职称，当初中足球教员；踢过中超 20 场以上的球员，可直接获得高级专业技术职称，当高中、职业高中及技术学校、大学的足球专业课技术教员。那么，适合他们的就业岗位在全国就可以放大到 100 万人次，每年培训的小球员则放大到 1000 万人次以上，这样职业踢球人员的后路问题就解决了。加上一些企业的业余俱乐部、各职业俱乐部还要消化很多退役球员，那么，出路就通畅了，家长不愿意送孩子去踢球的心病就解除了。这样，中国足球人口一定会多起来，父母送孩子去踢球的积极性将大大增加。

建议二：要辅助俱乐部把主业搞好，把联赛质量搞好。

一方面，要增加俱乐部的数量，这也能增加 U23 及以下球员踢球的机会。另一方面，不要强制俱乐部把 U23 球员派上场比赛，U23 球员必须达到一定标准才能允许其上场比赛。可以规定，在俱乐部注册的 U23 球员踢不上球的，中超其他队没有 U23 球员，或因受伤没有球员可供上场的，可临时向其租借，这样更能保证其上场时间。同时，中甲俱乐部可租借中超俱乐部的 U23 球员，中乙俱乐部可临时租借中甲俱乐部的 U23 球员，如果一年内在俱乐部没有一定的出场次数，则无条件让其成为自由球员。这样俱乐部就会给教练施加压力，让他们好好培训年轻球员，不硬性要求比赛场次，上场必须达到比赛要求，这样才能不降低联赛质量。而且临时租借出去上了场的，也可计算成租借方出场的比赛时间，这样才能真正确保比赛对年轻人有价值。同时避免了拥有 U23 优秀球员较多的俱乐部，球员因得不到应有的上场时间而受到埋没的困境。当然，这一方法也可应用到放开外援后对国足队员的保护上。

建议三：把足球的基础培训放在义务教育阶段，这样能放大选材数量。

如果梯队建设的要求束缚了职业俱乐部的手脚，让主营业务得不到最大化发展，就不要强加给职业俱乐部，不然得不偿失，会让投资人分散精力，捡了芝麻丢了西瓜。当然，有实力和精力的俱乐部是可以这样做的。职业俱乐部的主要精力应该放在联赛上，用在为中国整体经济服务上，把联赛强大的社会功能发挥出来，让我们在世界上更有竞争力。我们可以把足球的基础培训放在义务教育阶段，标准是 13 岁以下的孩子都只能在义务教育的全日制学校完成足球基础培训，各梯队选人，只能由各学校推荐，选出优秀的苗子待其初中毕业后，才能进入专业足球学校或俱乐部，而且对培养出优秀苗子的小学、初中学校和教练员，职业俱乐部要给予一定的补偿，以调动这些义务教育阶段小学足球教员的积极性，让孩子把基础打好。比如选拔时，可以选择在假期让孩子们打一个校际的或地区的杯赛来考察，就要好得多。

建议四：现在送孩子去足球学校，对于有一定经济困难的家庭，相关部门可以给予他们低息贷款甚至是贴息贷款，或者引导其亲属中有实力的亲戚朋友资助就读。

如巴西的那些有足球天分的孩子，从小就有经纪人投资，大大减轻了其家庭经济负担。我们也可以这样做，当然，若职业俱乐部吸收球员后，球员与俱乐部对孩子的资助者最好要给出一定的经济补偿和荣誉补偿。

建议五：各俱乐部举办教练员培训班，从现役球员抓起，边踢球边学习教练基础知识。由球员所在俱乐部的职业教练授课，或请高水平的教练培训。

建议六：孵化中小职业足球俱乐部和基础足球教练。这一方法可解决中国高水平基础教练少的问题。

建议七：让足球走进社区。足球作为团队运动，至少要有三五个人才能组队比赛。在小孩子比较集中的社区，可以由专业或业余爱好者组织孩子一起参加，或者在社区的一些小场地，可以组织二人制、三人制比赛等。把它当成小孩子的业余生活，一是可培养他们的爱好，二是让他们得到一定的练习，三是强身健体，四是大大降低孩子外出练球的时间及成本。

现在看来，青训只押宝于各俱乐部，这无形中会增加俱乐部的负担，影响他们的精力而无法将主业做好。要知道，俱乐部由于种种原因并不能收罗到中国全部的足球好苗子，只有让广大人民群众参与进来，努力培养青少年足球人才，中国足球这棵大树的根才能扎得更深。

小结

要广泛发动人民群众参与，青训不能只押宝于各俱乐部。

下　篇

中超联赛何处去

目前，中国已经是世界第二大经济体，这还只是在发展阶段；我们的许多优势，是欧美等发达国家还不具备的；我们的人均 GDP 还不高，大有潜力可挖。我们要努力发展我们的弱势项目，向世界顶级水平追赶，中超亦然。中超已经到了向世界级水平冲锋，该出世界级球员的时候了。这一点绝对不能忽视，不能错过发展这一无烟产业的有利时机。中超联赛的走向，就是全面放开外援，提高中超的竞技质量，使其达到世界一流水平，把中超办成“东方小世界杯”，中国将跻身足球强国行列。

第八章　中超定位要符合国家最大利益

第一节　中超应保证竞技质量

导读

中超联赛质量还没有达到世界一流水平的原因是什么？目前，我们有建设世界一流联赛水平的基础和条件了吗？如果有，为什么搞不好呢？是什么原因拖了后腿？

中国足球队只要在世界杯预选比赛、奥运会预选比赛时成绩不好，或是亚洲杯等洲际比赛成绩差，中超联赛肯定要遭殃，我们的中超体系必将招致全民的审视。当然，被国内球迷诟病最多的就是国内足球的青少年培训。

实际上，中超职业联赛也是中国特色社会主义实践的一部分，也是在摸着石头过河。

国家队成绩不好，因此我们现在需要考虑 U23 球员能否踢上中超的问题，这个命题对吗？

当然是对的。但 U23 球员在目前的中超就能提升到世界级水平吗？这值得怀疑。

如果要想使U23球员提升到世界级球员水平，就要让他们到世界上更好的联赛中去锻炼，那才有成功的可能。

基于上面的逻辑，笔者结合中超联赛强制派U23球员上场的政策思路，做了以下四种推演。

推演一：在中超联赛中，只要保证让U23球员上场比赛，让他们得到锻炼，其竞技水平肯定是能提高的。这一点也不假。中超虽然不是世界上最好的联赛，其锻炼价值也有限，但强制派U23球员上场，起码能把他们锻炼成内斗级球员。

推演二：如果把U23球员送到欧洲次级联赛锻炼，也是可能成功的。目前的葡萄牙和荷兰等国的甲级联赛，肯定比中超的水平要高，大家也认可。要是我们把一些优秀的U23球员送到他们的联赛里，每场比赛都能上场，肯定也是会得到锻炼的，水平肯定比在中超踢球上升得要快，估计能成长为亚洲一流水平的洲际级球员。

推演三：把U23球员送到欧洲五大联赛锻炼。意甲、英超、西甲、法甲、德甲的水平比葡萄牙、荷兰联赛水平高得多，这也是大家公认的。如果中国优秀的U23球员能在五大联赛的每场比赛都上场，肯定也是会得到锻炼的，水平肯定比在葡萄牙、荷兰联赛踢球上升得更快。这样下去没准会出现几个准世界级球员，有了他们，我们在世界杯决赛圈也可能会有一定的作为。

推演四：在世界上，欧洲冠军联赛的比赛是竞技水平最高的职业赛事，要是每年的欧洲冠军联赛四强以上的球队都有我们的U23球员，那他们得到的锻炼比欧洲五大联赛的锻炼价值更大，有很大概率可能成为“世界级一流球员”。他们回来后肯定是我们国家队的主力球员，也不需要其他成人球员参加了，靠这些U23球员就有可能进入世界杯四强行列了。

看了上面的几种推演，大家是不是会热血沸腾，充满信心呢，其实，这显然是违背了职业联赛的游戏规则，也不符合竞技体育的发展规律。联赛的生产性决定了它必须要使用当时最好的原材料式球员来参与生产过程，如果U23球员有能力，不要说中超，欧洲五大联赛都需要他们，就像西甲的梅西、法甲的姆巴佩，对他们哪里有什么政策要求，教练巴不得他们每场都不落下呢。

笔者觉得中国国家队成绩不好的原因之一是青训工作没搞好，但试着以牺牲联赛的竞技水平来完全解决这一问题，不一定能成功，是欠妥的。

我们现在应该忧虑的是没有国家队球员进入欧洲五大联赛，也就是说要考虑如何让我们的国家队球员踢上高质量的比赛，这样才能真正保证国家队的成绩。

目前，球员能踢上中超只是初级锻炼，相当于毛坯式半成品，还达不到洲际级、国际级成品水准。若未成熟的球员上场居多，外援少，或高质量的外援进一步减少，就大大地降低了联赛的比赛质量。现役国家队球员缺乏高质量比赛的营养，也就没有更高的锻炼价值，水平也不会提高。如果今后国足成绩大滑坡，总是被大比分击败，这会给联赛造成巨大的负能量，也就没有了眼球经济效应，许多企业也就不会借用足球来“炫富”了。中国企业精英借用足球来“炫富”是为了扩大再生产，如果被广大球迷不断诟病，且带负能量地放大宣传，就不会为母公司带来正能量收益，中国企业精英逃离的速度将会很快。

解决U23球员踢球少的问题，可以利用中国市场大的优势，多设计一些青年人的联赛、杯赛、巡回赛等。中超一定不能牺牲我们的联赛质量，而应该全面放开外援，提高我们的联赛质量，让当打之年的国足球员的竞技水平得到提升，这样提高国家队成绩才有希望。

中超的竞争力如果达到欧洲冠军联赛水平，那么所有的中国国家队球员都将获益，甚至包括有天赋的 U23 球员，只要他们的水平够的话，教练是不会舍近求远的。现在我们引进了一批世界级的球员和教练，他们让中国球员也学习、见识到不少先进的踢球理念和战术新知识。

中国球员如果能踢上保证竞技质量的比赛，自然就会涌现出一批世界级球员。如果 U23 球员经常和初中生比赛，即使总是大比分获胜，那意义又大吗？只能说是得到初级锻炼而已。中超应该考虑怎么借助竞争更激烈的比赛来给球迷、给体奥动力、给赞助商服务，只有产生更大的眼球效应，才能产生多赢。若中超联赛不能保证竞技质量，则产生不了多赢，其中的实体经济不再受到青睐，将会产生连锁反应，背后的企业也不愿意赞助足球俱乐部了，或赞助金额将会大幅降低。也许有一两个企业赞助，但如果达不到反哺预期，其投资幅度也将会下降。

中超联赛的竞技质量，要想提高到欧洲五大联赛的水平，需要精算师科学计算看到底放开多少个外援合适。

对大数球员来说，青年时期优秀并不一定到成年时能成为世界顶级球员，我们目前需要锻炼出一批洲际级成人球员、国际级成人球员，不是只需要初加工的毛坯式球员。不让中国成人球员和外援竞争，溺爱之下怎么能够提升自己？要让这些优秀的外援成为鲇鱼，刺激中国球员积极参与竞争，只要中国球员的球技突破瓶颈由国内级成长为洲际级，甚至再突破洲际级瓶颈成长为世界级一流球员，那我们的国家队成绩就不用发愁了。

中超一定要保证联赛的竞技质量，管理者不能让 U23 球员新政等捆绑住了中超的手脚。放心吧，中国人能在世界大变局的激流中抗压，中国球员更能在高竞技质量的中超激流中得到提升。

小结

中超联赛的竞技质量是该放眼于欧洲五大联赛的时候了。我们有中国企业精英的参与，有投资人的热情，中国庞大的人口数量，形成了世界级市场。只要我们有世界性的眼光，与世界高竞技质量的联赛看齐，中国足球是不会一直落后的，我们要有这个自信。

第二节 发挥中超的综合性功能为国家队服务

导读

我们到底是要国家队现在这三四年的成绩，还是要未来几十年的成绩；国家队到底是要中超输送什么样的人才，是只输送U23球员，还是全面输送成人球员。当然，如果国足队员能够像我国的女排一样，拥有许多成熟的世界级球员，事情要好办得多了。在现在的情况下，若定位不准，贸然出击，就会增大失误的可能性。

目前，不管是足协，还是各个俱乐部、球迷，都认为中国职业联赛应该给国家队培养出一流球员，而且大家对国家队成绩的期望值很高，从亚洲杯冠军，到世界杯预选赛亚洲区出线，甚至到世界杯冠军，很多人都在做着“美梦”。为了让“美梦”早日实现，国家体育总局在努力，中国足协在努力，俱乐部在努力，中国球员在努力，球迷在努力，当然，笔者也在努力，为它出谋划策。

中超要培养什么样的人才输送到国家队呢，是处于初级产品阶段的内斗级球员，还是处于成熟产品阶段的洲际级球员，抑或是已至高端产品阶段的国际级球员，这有点模糊。

球迷朋友们都知道，目前，我们的成人国家队成绩并不好，在洲际正式比赛中没有好成绩，也很少能够参与国际大赛，中国球员很少有机会和一流球员组成的球队过招，偶尔有但质量也不高，不足以提高国内球员的竞技水平。

这样看来，中超的目标应该是至少培养一批洲际级球员，让他们具有参加一流洲际性比赛的能力，这样在国家队的洲际比赛中才能获得好成绩；当然，为了让国足在参加世界性比赛时不落下风，我们最好也得培养几个世界级一流球员，来帮助球队。

所以，中超要把培养的重点放在处于当打之年，也就是需要急速提升的 23 ~ 28 岁的球员身上，尽管他们去不了欧洲五大联赛，去了也打不上主力，甚至作为替补出场都难，但是在我们自己的联赛中要让他们得到充分的锻炼，从而保持高质量的比赛状态。

为什么国家队曾不断地使用郑智来打比赛，就是因为郑智在成熟期得到了高质量比赛的锤炼，经验丰富，而且他的状态一直保持得很好。我们的国家队如果有 11 个郑智这样水准的球员，不仅可以说在亚洲无所畏惧，即使是进入世界杯决赛圈，也有可能闯入十六强。

郑智是在当打之年得到充分锤炼的典范，要想国家队取得好成绩，就必须要培养好每届国家队当打球员的竞技水平和竞技状态。所以，中超要放开外援政策，调整 U23 球员的上场政策，让当打之年的国足球员与引进的这些世界级球员不断角逐，不断成长，从而为国家队稳定输送高质量的成熟球员人才。

中超的眼球经济如果引导得好，一样可为国家队服务。

2015、2016 赛季的中超联赛蓬勃向上，吸引了国内外众多球迷的眼球，也让中国足球的关注度得到了大大的提升。

眼球经济就是依靠吸引公众注意力，获取经济收益的一种经济活动。在现代强大的多种媒体的推波助澜之下，眼球经济比以往任何时候都要活跃。电视需要眼球，只有收视率才能保证电视台的经济利益；

杂志需要眼球，只有发行量才是杂志社的经济命根；网站更需要眼球，只有点击率才是网站价值的集中体现。除此之外，“中国制造”也需要眼球，这是“中国制造”赢得世界消费者青睐的必经之路。

体现在中超联赛上，其眼球经济也是许多企业精英看中的重要一点。如果看不清中超眼球经济的应用前景，俱乐部及其母公司稍有不慎，出现懈怠，投入不足，就会对企业起到相反的宣传作用。社会公众觉得投入足球的企业没有经济实力，不积极进取，企业家没有眼光，不珍惜人才，没有运作能力，母公司与俱乐部互哺不成，反而成为相互的拖累。而只有看清它的应用前景，积极投入，俱乐部才能对母公司产生巨大的反哺作用。

中超能走向世界，特别要感谢体奥动力所做的努力，它对中国足球起到了代言人的作用。随着中超联赛的受关注度越来越高，中国足球的眼球经济效应也会大大增加。因为进入国家队的球员，绝大部分都是驰骋中超赛场多年的精英，球迷已然对他们非常熟悉，当他们代表国家队参加一些洲际性或国际性比赛时，不管是来到现场还是通过电视、电脑观看比赛的球迷，一定会比以前更多，相关的赛事收益也将会有大的增长。

近几年，中超的竞争能力提高已是不争的事实，为国家队输送的人才也有了一定质量，但由于定位不准，一些问题也被同时放大。

一是当国家队成绩不好的时候，联赛就成了被指责的对象，成了人们的出气筒。有不少球迷认为，国足队员在俱乐部踢球很有劲，在国家队却不卖力；而其他国家的球员却相反，在其国家队比赛时愿意积极拼搏，在俱乐部却不太卖力。比如，2017 年河南建业队的那名叙利亚外援，在同样受伤的情况下，在俱乐部比赛时高挂免战牌，而回到国家队与中国国家队打俄罗斯世界杯预选赛时，这名外援拖着伤腿上场，还踢进了一个扳平比分的任意球。等十二强赛结束以后回头看，如果有了这两分，中国队就能进入世界杯附加赛了。这就让国内球迷有了口实，觉得自己的球员在国家队踢球不努力，转而把责任都推给了联赛。

二是在引援金额上招致一些盲目的批评。产生批评的原因，是很多人没有认清球员生产资料、原材料的属性，没有认识到对优质球员的争夺就是对优质生产资料、原材料的争夺，而争夺的人一多，优质球员的人数有限，自然就会涨价了，这符合经济发展的规律。就像原巴塞罗那俱乐部的内马尔，就被法国的巴黎圣日耳曼足球俱乐部直接付了 2.2 亿欧元的违约金买走了，当时巴黎圣日耳曼足球俱乐部付钱时连眼都没眨一下，因为他们担心的是花再多的钱也得不到这位足球天才。

中超目前世界级足球人才紧缺，所以才需要用高价把他们吸引过来，让中国当打之年的国家队队员与他们同场切磋，提升自己的竞技水平，使国家队的成绩真正地好起来。现在，一部分实力强劲的俱乐部所引进的那些世界级球员，是“中超联赛制造”中最好的生产资料、原材料，中超有了他们，联赛的竞争力才会提高。他们不仅向国内外球迷宣传了中超联赛，也向世界宣传了中国的实力，吸引了世界上越来越多青少年的目光。

如果说中超的定位是为国家队服务，那么我们更应该放开限制，对我们缺少的短板人才进行引进。只要具备经济实力，就大胆出手；只要是有用的能为我们带来正能量的人才，都要放开引入。

中国国家男子足球队的成绩，受到了上至国家领导人，下至广大球迷的关心。要想提高国家队球员的竞技能力，让他们达到洲际级、世界级一流球员的水平，在“送不出去”的情况下，我们只能采取“请进来”的方式。那么当务之急就是要取消引援限制、外援上场限制等，并保证现役国家队球员一段时期内的上场时间，这样才更科学。如果国家队的目标是在亚洲称雄，就要让我们的联赛达到亚洲一流的竞技水平；如果渴望进入世界大赛并有所作为，就必须要让联赛达到世界一流的竞技水平。

因此，首要的是中超要取消引进人才所开征的调节费，而且俱乐部所在的城市可以给予其一定的补助。因为球队引进的世界级球员是我们需要的高级人才，这在一定程度也代表了当地城市的人才价值观。一旦有世界级一流球员来到当地，就会成为当地经济发展的活广告，对当地的招商引资、吸引其他行业的世界级人才大有好处。这就像安着大喇叭向外界宣传，何乐而不为？

人才确实是奢侈品，但是，只要企业能买得起，只要会使用，只要能派上大用场，我们就不用为他们多操心。因为对企业而言，这是有高回报的。足协不应该给俱乐部增加负担，相反是更应该支持才对。对此，笔者有几点建议。

一是媒体、网络等媒介平台，需要给球迷灌输一些新的知识，特别是要把中超联赛的经济属性向他们解释清楚。

二是取消调节费，让俱乐部有购买世界上最好的教练和球员的自主权利。当然，相关部门和地方给俱乐部一定的补偿最好——不补偿也行，中国企业的实力、中国的大市场还是容纳得下他们的。

三是把欧洲五大联赛的“台柱子”引进来，以平抑目前外援市场溢价过高的问题。比如说，把处于当打之年的梅西、C 罗式的球员进入中超，以他们作为一个标准，其他球员自然也不会要价太高。

总之，优质外援的加入，势必会提高联赛的竞争力，使中超整体向着更高的水平发展。中超发展好了，那么中国国家队的成绩又怎么能差得了呢。

小结

看到问题，解决问题，才是科学的发展之道。国家队的成绩，要依赖于中超联赛整体水平的提高。中超不仅能够为国家队输送所需的合格人才，而且它的眼球经济效应，同样可以使国家队受益。中超得到的关注度越大，中国足球也越能为世界上更多的人所瞩目，才能带动我们更好更快地向前发展。

第三节　全面放开外援势在必行

全面放开外援不是洪水猛兽，而是中国社会经济整体发展的需要，也是中国向高质量无烟产业发展的必然选择。

全面放开外援对于展示中国的世界人才观，让世界一流的成熟人才为我所用，好处多多。

当然，如果我们的短板级人才已经成长起来了，俱乐部也会自动减少甚至放弃这些人员的引进。

2017 中超新政告诉人们：世界级球员不是人才，而是消费品。这一表态，让那些紧盯中国发展，想到中国发展的世界级人才难言满意。

说实话，企业吸引世界级人才进来，是一种投资，他们需要更高的回报。有些企业也缴得起“奢侈税”，但这是给他们增加经营中超的经济压力，母公司管理层认为这种做法不对，实在规避不了，得不到合理回报，他们就只好勉强维持。这样损害的是中国整体足球的利益，中超的公益性就没办法有效发挥，而不能与世界一流球员切磋技艺，也限制了当打之年的国足球员竞技能力的提高。

世界级人才来到中国可展示中国大国的实力，也能间接帮助引进技术、资金。这比中国企业花大价钱赞助给国外赛事要好得多，因为这是在促进中国制造，这是让资本留在中国，把世界级人才留在中国。

目前，中国人拼搏奋斗的形象，通过中超等体育赛事的宣传，会展现出它强大的影响力——这是通过拼搏努力，几代中国人的奋斗自然形成的实力，将会进一步吸引世界级人才加盟中国的其他行业，形成连锁反应，使中国供给侧结构性改革得以顺利进行，让中国经济保持强劲的后续竞争能力。

高价引援引起了部分球迷的不满，是因为他们没有认识到世界级球员恰好是中国足球人才的短板；而我们对弥补这一短板的人才的引进，要有刘备三顾茅庐的诚心，要有千金买马骨的精明和勇气。中超高价引援会使所有人不高兴吗？不，那些最具眼光的企业精英们很高兴，真正的球迷高兴，因为物有所值。企业精英们看到的是足球反哺的巨大潜力；真正的球迷渴望近距离观看高水平的球赛，他们需要世界级的演出，而不用把目光总是投向欧洲五大联赛。

放开外援的好处是很多的，且听笔者一一道来。

好处一：放开外援能保证当打之年的国足球员的竞技质量得到提升。全面放开外援，并不是说上场的都是外援，我们也可以把 U23 球员上场政策转变成国足球员上场政策，中小俱乐部仍旧会以国内球员为主。这样，就能保证国内顶级球员和世界一流球员同场竞技，从而培养出少而精的国足球员。

好处二：放开外援能让中国尽快打造出世界级足球人才。如果放开外援，中超肯定能让正需要提升竞技水平的、处于当打之年的国足球员获得益处，能真正培养出一批世界级足球人才，国家队成绩也能够得到一定的保证。

好处三：放开外援能让中超培养出国产世界级教练。中超要让中国教练有观察世界级球员的机会，要让中国教练有将世界级球员与国内球员有效组合比赛作战的机会，要让中国教练有和世界级教练切磋的机会。目前，仅靠国内球员练级，中国教练是很难成长起来的，即使中国培养出了世界级球员，也需要像里皮一样的世界级教练来带领我们的国家队。只有放开外援，才能培养出国产的世界级教练。

好处四：放开外援能让中超联赛制造、中超联赛 GDP 的含金量更高。这是无烟的，符合国家产业发展方向和政策。

好处五：放开外援能让中超获得世界级明星球员的定价权，使得其他外援来中超便不会再漫天要价。中超如果能把当打之年的梅西、C 罗式的球员引入中超，提高竞技质量，中超就有可能成为令人瞩目的“东方小世界杯”。到时候，世界上许多高水平的外援反而可能会降薪抢着来，就如保利尼奥宁愿降薪也要到巴萨一样。

好处六：放开外援能使国内球员的虚高价格受到抑制，把泡沫轻松挤掉。这其中也包括 U23 球员泡沫，因为世界上同等水平的球员，价格可能要低得多。这样就能刺激更多的国内球员，更加刻苦训练。

好处七：放开外援能使世界球迷的眼球转到中国，通过中超向他们展示中国和谐、稳定、安全的大环境，这种环境更能吸引有才华、高水平的外援加盟。

好处八：放开外援能使外援和内援均容易保值增值，激烈且竞争能力强的中超联赛，也可以培养出世界级优秀球员，也可以向欧洲五大联赛输出球员。当然，我们首先要用一流的成熟人才，高质量地打造中国自己的联赛。

好处九：放开外援能让母公司的经济实力，挟带主营产品，在中超独有的俱母互哺模式助推下，向世界展示出来，有利于中国实体企业打造世界性品牌。目前，虽然中超的大多数母公司都涉足房地产，但其

商业裙楼，以及修建的大数据产业园、工业园、经济技术开发区等也具有世界性，因为入驻的企业要向世界招商，也要为世界人民生产。2017年，仅广州恒大、阿里巴巴、大连万达（介入中国杯）、北京国安、上海上港、重庆力帆等，一年的销售营业额就是5万亿元左右，这还没有算间接关联企业。虽然这不能说全是足球带来的收入，但展示的却是这样一个大舞台，一个巨大的经济体。中国是该让这些企业和企业精英向世界展示实力的时候了，是该让这些企业精英组合世界级人才为我所用的时候了。

好处十：放开外援能让体奥动力等把中超版权更好地卖向世界。这应该说是我国应该扶持的一个对外窗口平台，得感谢他们，让中超也能像欧洲五大联赛以及美国的NBA一样吸引世界球迷的眼球，避免这种体育文化领域的单向掠夺，我们也可以争取获得世界收益了。

好处十一：放开外援会让投机交易减少，能真正给国家带来健康税收，激活母公司的资金在国内交易。比如把国内球员的收入泡沫去掉，把一些打包避税交易去掉，把U23球员出口转内销的情况去掉，不能只让国外俱乐部投机得利，付出费用后，要让他们真正培养国内球员，进而使U23球员的身价泡沫也去掉。

放开外援的好处太多了。当然，也不是你一放开外援，这些世界级人才就来了，也不是所有球队的所有位置都要买世界级球员。世界级人才引进的道路也很崎岖，不会一帆风顺，在具体引援上，还得看俱乐部的眼光，以及他们的吸引力、运作能力、把球员加工成世界一流团队的生产能力。我们要有花大价钱引进世界级人才的决心，也要有把他们用好为中国制造增值和实现高溢价销售的自信。

小结

1. 中超全面放开外援利远远大于弊，如果我们的球员送不出去，放开外援把他们引进来，是真正使国家队成绩得到提高的必由之路。

2. 引进世界一流人才到中国，只要把这些人才的最大潜力在中国发挥出来，他们将会为我国制造更大的贸易顺差。

3. 目前，国足球员的归化政策，实际上与全面放开外援有异曲同工之妙。

第四节　围绕当打之年的国足球员制定上场政策

导读

中超竞技质量提高后怎么反哺国家队呢？中超该怎么放开外援呢？又该对哪些球员进行保护呢？保护范围及保护期该怎么确定呢？

中国国家男子足球队的球员归化政策，对弥补国家队部分位置的人员短板很有帮助。实际上，这是另一种放开外援的政策，特别是对没有血缘关系的外籍球员的归化，把世界级人才为我所用，也如网友形容的归化球员是国家队抱养的一个优秀的儿子，让其成为一家人，一样可以为国家干一番大事业，一样可光耀门庭，为中国的社会经济发展服务，这方法很好。既然国家队球员都可以归化了，那么就应该放开外援，让国内球员与世界级球员竞争，让他们提升到世界级球员水平，如此，就有必要对我们的国内球员的上场政策、外援上场政策进行调整。

中超唯有提高联赛的竞技水平，让更多的世界级球员参与，把联赛打造成世界级的一流平台，对当打之年的国足球员除了用世界一流教练来雕琢他们之外，还要让他们不断地与世界一流球员进行竞争，让他们突破成长瓶颈，这样才能培养出我们需要的世界级人才。因此，足协有必要把我们的联赛按“东方小世界杯”的目标进行打造，而且，中超球队的整体竞技实力也有必要根据相应的标准进行调整。

第一，要保证联赛的整体竞技实力达到世界一流水平。因种种原因，我们不能大规模地送国家队球员去参加更高质量的联赛，就算送出去，也仅仅是数量有限的几名球员，或送出去了，有时候还打不上比赛，提升不了他们的踢球技能，保持不好他们的状态，这远远满足不了中国国家男子足球队建成世界一流强队的需要。既然我们的联赛要为国家队服务，那么，保证联赛的竞技质量是首要任务。

第二，将偏护 U23 球员的新政转变成为对当打之年的国足球员上场保障政策，让当打之年的国足球员能参加高质量的联赛，这才是王道。

当打之年的国足球员的竞技水平需要提高，而且也需要高质量的联赛来保持他们的状态，就连现在的归化球员艾克森（广州恒大外援，现已归化成中国籍球员，原名埃尔克森）2018 年在上海上港队时，由于没有长时间高质量的比赛可供其保持状态，其进球效率也一度严重下滑，当时深受业界叹惜。何况我们的国内球员还没有他这个水平，因此，为了让国家队球员时刻保持高水准的比赛能力，一方面要不断提高我们的联赛竞技水平，努力向欧洲五大联赛看齐，另一方面必须保证当打之年的国足球员的联赛上场时间，增加其参加洲际比赛、世界级比赛的次数，只有如此，他们才能在其提高的瓶颈期有所突破，成长为国家队需要的高质量人才。

第三，关于国足球员的上场数量，必须进行科学考量。我们的俱乐部在每场比赛时，是否考虑每队必须上 1~3 名球员为当打之年的国足队员，除非受伤，否则不能换下。中超共 16 支球队，算下来直接就有 16~48 名国足球员可以上场，若球队数量增加，上场球员人数则可进一步增加，这样，就能确保当打之年的国足球员在放开外援后仍有球可踢。当然，经济实力不强的中小俱乐部没办法引进足够数量外援的，他们可以多上国内球员，但必须保证有1~3名国足球员能上场，至于其他7~10名球员，他们是国内球员还是外援，不做强行规定。

第四，对于国足上场球员的保护期、国家队组队范围也要进行仔细思量。怎么选择和评定上场的国足球员呢？这就需要国足球员具有不断拼搏进取的精神，遵守竞技体育不进则退的淘汰法则。笔者对此有几点思考：

（1）保障最近一两年内入选过国家队的球员，不分主力队员、替补球员，均享受2年期的国足球员上场政策保护。这中间没有年龄限制，不管是23岁，或是更小的，只要进入过18岁以上的国家队，都可归到国足队员上场政策的保护范围。

（2）以18岁以上的国家队为标准，只要入选过，均可作为保护性上场球员，这就让俱乐部扩大了球员的选材范围。

（3）获得世界杯出线、亚洲杯冠军、世界杯小组出线等成绩的球员，更是可以作为特别的保护对象。

（4）入选国家队后只参加过友谊赛，比赛输掉的，只保护一年，平局的，保护一年半，获胜的，保护期为2年。

（5）鼓励俱乐部多用国内球员上场，但不做硬性规定，硬性规定只适用于当打之年的国家队球员。

（6）让U23及以下国家队球员也能得到与各俱乐部大牌球员一起训练、学习、竞技、竞争的机会，帮助他们成长。

（7）在联赛期间，中超球队有国家队球员受伤等意外情况发生时，可向其他中超球队临时租借受政策保护的多余球员，其他球队不得无故拒绝，同时不能附加回避条款。

（8）被国家队开除的，或因重大违纪被俱乐部除名的，或违法犯罪的，不再享受上场政策庇护。

总之，中超球队完全围绕当打之年的国足球员建队，让中超的投资人把目光集中在当打之年的国足球员身上，集中在当打之年的世界一流球员身上，这样既能够保证联赛的竞技质量，又能够提高当打之年的国家队球员的竞技水平，还能够使当打之年的国家队球员保持竞技状态，同时，也能够高质量地培养年轻有潜力的后备人才。

小结

中超需要制定政策以保护当打之年的国家队球员上场时间，这样，就会充分激发国内球员积极拼搏的进取之心，在场上充满斗志，努力赢取比赛，因为这将涉及球员在中超的职业保护期。要知道，没有一个从事体育竞技行业的人，会甘心在短暂的职业生涯中虚掷光阴而不思进取的。

第九章　中超强大的社会功能可为国家做多元贡献

第一节　把中超建设成对外展示中国文化软实力的平台

导读

中超要把它积极拼搏进取的正能量的体育文化软实力内涵挖掘出来，把它对中国社会的隐性正能量生产挖掘出来，为中国社会服务。

随着中国整体经济的飞速发展，我国的经济实力已经上升到另一层面。这一阶段是我国向高质量的中等收入国家冲刺的出发点。体育文化是无烟产业，国家也在加大力度发展，国务院相关部门也给出了许多政策上的扶持和帮助，这是考验我们应用智慧和能力的时候了。

中超向世界发出我们独特的声音。虽然中超联赛竞技质量还不高，且竞争能力还不足，但足球作为喜闻乐见的体育项目，作为世界第一大体育运动，全世界的球迷有数十亿之多，其中许多是青少年球迷，这必须引起我们的重视。我国的青少年不知被欧洲的五大联赛、美国的 NBA 以及好莱坞大片夺去了多少眼球，特别是年轻人那颗单纯的心，容易从小就受到潜移默化的影响。确实，以前 NBA 的乔丹、科比，欧洲五大联赛的罗纳尔多、巴乔、维埃里、贝克汉姆等，他们的球技加上拼搏精神，有些比赛场次的表现至今还让笔者记忆犹新。

球迷认为仅依靠国家队的好成绩，才能给我国整体形象宣传带来好处的想法，必须休矣。我们不能等待。欧洲五大联赛、美国 NBA 在不断抢夺我们的眼球，一年四季大多数时间都在轮番播出他们的经典比赛，仅靠国足比赛成绩来宣传我国整体形象远远解不了渴，而且又是一届又一届地等待，实在是让我们等不起。

那怎么办呢？

可以把中超职业联赛扩大为社会力量参与、政府引导规划的国家战略性项目和典范。

这是因为足球这一人们喜闻乐见的运动已经扎根于世界球迷心中，是世界第一运动。如果现在我们新开辟一个项目，其成本不仅很高，而且在时间上我们也等不起。经过 30 多年摸索的中超职业联赛，已经基本形成了自己的模式，我们要做的就是对其加以正确的利用、引导即可。这虽然不是走捷径，但胜似走捷径，至少要节约 30 年时间。

中国企业精英们心怀夺取世界俱乐部冠军的梦想，他们需要创世界性品牌，我们不要让这些有梦想的中国企业精英被捆绑住了手脚，而是要松绑。80 亿元的版权费不是泡沫，应该还能增值 20 倍左右（根据欧洲五大联赛和我们的经济体量估算）。当然目前还不行，要实现这一目标，需要让俱乐部把世界上的一部分优秀运动员吸引到中超来，要使中超的几支球队具备欧洲冠军联赛四强以上的水平，这样，才能使中超联赛成为我们对外文化宣传的窗口，成为中国招揽世界顶尖人才的一张名片。

中国需要世界市场，中国需要世界级人才。我们要用和平的方式把世界级人才吸引来，帮助我们进行生产制造，获得多赢。中超要走向亚冠、世俱杯，向欧洲冠军联赛看齐，要以开放、宽广的胸襟走向世界。对于国足球员，我们现在可能“送不出去”，但我们要想办法把一流的球员“请进来”，把中超联赛的竞技质量提高，让体奥动力及以后的版权商把这一作品向世界卖得更好。我们只有努力提高这一体育文化软实力平台的含金量，使其成色更足，才能发挥中超强大的社会功能，为中国整体经济服务。

小结

不能让欧洲五大联赛独美了，不能让美国 NBA 制霸全球了，我们要和他们一起“美”下去。中超这一能够展示中国文化软实力的平台，正等待着我们进行科学的开发。

第二节　中超的外援政策应体现我国对世界一流人才以诚相待的大国形象

导读

得人才者得天下，中国古贤对这一点早有明见。当然，是否能够赢得人才，也要看一个组织、一个国家的吸引力是否足够。世界一流球员是职业联赛的人才，其价值也得到了欧洲五大联赛的充分挖掘、使用。我们要抓住当前国家发展的大好机遇，对这些世界级人才发出正能量的声音，把他们吸引到中超来。

中超的外援政策应体现坦诚相待、自信、开放、包容的中国形象，体现到中超，就是吸引世界级人才，弥补我们缺乏世界级人才的短板，与国际接轨，把中国职业联赛做大做强。中超应参与国际竞争，提升自己在世界职业足球领域的竞争力，增加全球体育文化优质精神产品的供给。

目前，优秀的外援不断涌来，好像有点让部分国内球迷慌神了，认为他们挤压了我国球员的生存空间、上场时间。一边对我们的国家队球员去不到高水平的联赛锻炼而捶胸顿足，一边又对请进来的外援心存芥蒂；一方面在大声指责国家队成绩不好，另一方面对摸索出来的能提升国家队球员竞技水平的模式又不加以应用推广。这实在是让人无语。

通过世界职业足球联赛，我们可以看到一个现象：那些花大价钱购买优质球员、花高薪供养世界级球员的国家一般都很富裕，而那些不断输送出高品质人才的国家，经济却往往不怎么发达。

这是因为，这些国家利用这些成熟的世界级人才进行高端制造，产出了世界一流产品，可以高溢价卖向世界，从而获得了巨额的财富，使他们更加强大。而足球人才众多的阿根廷、巴西等南美洲国家，以及部分非洲国家，经济不怎么好，社会也不太稳定，当欧洲五大联赛等俱乐部开出高薪邀请时，这些国家的足球人才势必难以抵得住这种诱惑。

这也印证了有人才就能得天下、有人才聚集是不会贫穷的道理。通过高级人才的引进，不仅大大提高了其联赛质量，而且欧洲各国的国家队成绩更是斐然，带动整个欧洲足球形成产业链条并有序发展，也吸引了世界球迷的眼球。

如果我们把中超当作中国体育文化的软实力平台来打造，要把它制造成在世界上都叫得响的体育文化大片，把它做成中国体育产业链条的重要一环，那么，外援政策就必须改变，全面放开。

当然，笔者主要讲的是世界一流足球人才的引进。要让中超成为世界级成熟球员施展才华的一流的大舞台，体现我国对世界级人才以诚相待的大国形象。

中超不能捆住俱乐部经营联赛这个主业的手脚，而是要帮助这些企业精英实现他们的梦想。他们本身有能力、有实力购买世界上最好的生产资料、原材料，就要让他们放开手脚去买，从而使生产出来的联赛这一产品更值钱。对于世界级足球运动员这种人才来说，由于世界经济的发展有一定的通货膨胀，所以企业精英们也可以用这些球员来保值、增值。

中超要体现我们的大国形象。目前，我们不能在国家队成绩这一棵树上吊死，这样会束缚我们的手脚。我们要先让俱乐部成功，让俱乐部有世界级竞争能力，俱乐部一成功，星星之火，可以燎原，那么国家队成绩也就不会差到哪里去。

小结

当务之急是放开外援上场人数，放开引援人数，这才能够展示我们对世界级人才以诚相待的大国形象。

第三节　中超是中国经济实力在世界上的代言人

中国需要对外宣传吗？当然需要。不仅要对成人宣传，而且要从娃娃抓起。

中国整体经济的发展，需要我们寻找一个在世界上的代言人。这个代言人不一定是我们的优势项目，犹如企业找明星为其产品代言一样，但一定要有群众基础，要有世界人民参与。能够吸引世界级人才、体育青年才俊来共舞，搭建好平台，诚挚邀请世界一流人才来中国发展，让世界一流人才搭上中国发展的便车，以开放的心态实现共赢，这样的代言人才是我们所需要的。目前的中超，正符合这些特点。

打造“共赢利益链”，需要世界级人才共同参与，生产和提供更高质量的产品和服务。中超可以通过对这些世界级人才的整合，成为一个大平台、大舞台，展示给世界人民看，特别是让世界的年轻人看。同时，把中国优秀文化输送过去，为他国服务。

随着中超版权在2015年拍出80亿元，这一舞台的魅力和潜力更是被看好。体奥动力的智囊团、决策层如2010年时的许家印一样，对中超职业联赛的前景非常看好。中国的经济体量比欧盟的2/3还强，而人口比他们还多，单论个体购买力，虽然没有他们大，但集中起来的能量也是相当了得的。

中国的实体企业需要创世界性品牌，他们需要世界级体育人才代言，而把世界级球员人才引入中国，相对来说所花的代价最小，资金也会在国内流动，能够得到最大的回报。现在，随着中国整体经济的发展，中国与世界其他国家和地区之间的贸易额度越来越大，虽然受到一定的挤压，但仍呈大幅增长之势，能带动比世界经济的1/3还多的增长率。我们的高铁已经走向了世界，C919大型客机已在向世界招手，海尔、联想、格力、华为等有科技含量的产品也已经走向了世界，“中国制造”遍布世界。接下来，我们要进一步在世界这个大家庭中凸显自己的力量，让世界共赢，最重要的还是要吸引人才，让世界级人才参与到“中国制造”中来，把我们的GDP变得更为优质，呈现给世界人民看，让他们清楚，只有中国才能生产和提供这样的产品或服务，只有中国才能吸引这么多世界级人才参与，只有中国才有平台生产出质量高、信得过、世界一流的产品。

中国的市场与人才要发出统一的声音。当中国经济发展得越来越好时，就要求每颗“螺丝钉”都要想办法尽其所能，中超的经营性决定了它也是中国经济的一部分，也有责任把它建设好。而中超的公益性之一，就是将中国整体形象向海外宣传出去，让世界级足球人才参与到中超联赛制造中来。中超不仅自身能够创造GDP，而且它也是中国经济实力在世界上的代言人，它在向世界推广中国足球的同时，也在给国内其他行业进行免费宣传，充分体现了它的价值。

小结

中超强大的社会外宣功能一定能为我所用。

第四节 让世界球迷及国人享受高质量的中超成果

导读

地球已变成了“村”,人类在这个“村”里已经实现共同分享,可以互相吸收对方优秀的文化成果来促进本地区、本民族的发展,同时提供创新的精神文化产品。

高质量的中超联赛会产生多赢的结果。

其一,高质量的中超联赛,将会吸引到类似梅西、C罗、科斯塔、内马尔、阿扎尔等的大牌球员来到这里,奉献出一场场精彩的比赛,从而把世界球迷的眼球吸引过来,欣赏这些巨星在中超的世界级表演。同时,大量的国内球员参与其中,也能够得到茁壮成长,我们将很快培养出国产的世界级球员,这样,中国国家队就会在亚洲赛场一展雄风,在世界性的大舞台上也会无所畏惧。

其二,高质量的中超联赛,让国内实体企业创世界性品牌有了一个近水的楼台。足球经济是以足球及相关产业为主体的经济形式,属于新兴产业,产业的关联性、带动性很强,已成为体育产业的重要组成部分。就中国企业来说,只要让他们看到运作好中超职业足球俱乐部能够给其带来巨大的、有效的形象宣传价值,认清它的高杠杆宣传作用,而且是花小钱获得超额宣传效益,他们一定会趋之若鹜。中超俱乐部就宛如企业的一张名片,它能够将足球运动积极拼搏的体育竞技文化，与企业积极进取的生产经营文化相嫁接，对企业的发展产生裂变效应。就如苏宁集团、恒大集团等有志于创世界性品牌的大企业，他们就是通过投资中超，得到了世界球迷和国人的广泛关注，扩展了中国足球文化的影响力，从而得到了巨大的潜在消费市场。

其三，高质量的中超联赛，对于央视、聚力等直播平台来说，其收视福音将会使他们乐享其成。精彩纷呈的中超赛事，不仅能为这些直播平台招揽流量，带来大量直接的广告经济收益，而且平台的影响力也会随之提升，仅就这些平台的体育频道主持人来说，如果解说得好，他们就会获得更大的关注度，其粉丝不仅来自国内，也可能来自世界其他国家和地区。

其四，高质量的中超联赛，也直接或间接地扩大了“中国制造”在世界范围内的影响力。喝茅台酒，而不是葡萄酒，这是中国的庆功文化，特别是当球队在联赛中获得好的名次，或者在亚冠联赛取得突破时，不管是国内球员还是外援，大家都举杯庆祝，喝一口茅台酒，说一句祝贺的话，庆祝胜利，这场景很醉人。而像曾诚、颜峻凌、武磊、韦世豪等“中超联赛制造”的杰出代表，他们的一言一行，也会受到国内外球迷的关注，若是让他们来代言“中国制造”的产品，相信结果一定不会差。

总之，随着越来越多的世界级球员来到中超，将会使足球运动这一受关注度最高的体育项目更加深入人心，为“中超联赛制造”带来更多的品牌效应，同时，那些“中国制造”的优质品牌可以通过中超，被无障碍地推介给世界球迷，从而让更多的人享受到高质量的中超成果。

小结

在中超的运营中，不管是国内球迷的感受，还是国外球迷的感受，我们都要考虑到，这样才能使这一优质资源实现充分的共享，其代言效果也才能得到最大化的发挥。

第五节 中超的获利群同样要心里有数

中超强大的社会功能，能使中国社会广泛获利。

目前，中国还没有一张在世界上叫得响的、有影响力的职业体育宣传名片。即使是我们的乒乓球超级联赛，作为世界上最强的乒乓球联赛，也因为其小众运动的性质最终决定了它是无法普及到全世界的，或者说是无法让全世界球迷都完全接纳的。中国女排虽然在世界大赛中也取得过非常辉煌的成绩，但是国内女排联赛的运营还不完善，在世界上的影响力也很一般。许家印曾经尝试投资过女排俱乐部，但其获得的回报，比起足球给予母公司的反哺要差得太多。足球作为世界第一运动，球迷众多，这一喜闻乐见的运动项目的参与度和受关注度，也要比乒乓球、排球强得多，随着产业资本的不断进入，中超联赛越来越呈现出蓬勃向上的发展态势，尤其是中超版权在海外的销售，使其在世界上的影响力与日俱增。因此，中超是有潜力也有基础能够作为我国打造职业体育宣传名片的首选项目。

如果我们稍微理性地从经济学角度来分析一下，就会发现中超职业联赛为中国社会创造的收益，包括经济收益、社会收益和精神文化收益，都是相当大的。套用中超俱母互哺的成功模式，我们把中国整个社会比作母公司，把中超公司比作一个子公司，一方面中国社会这个母公司，包括各类企业、媒体以及球迷等，他们利用自己的各种资源来大力支持中超联赛，反过来，中超联赛这个社会功能极强的杠杆，会撬动中国整个社会面向世界的宣传效应，使社会广泛地获得收益，这就形成了中超与社会整体的互哺效应，实现多赢。

概括来说，把中超这一特殊的产业做好，将会使中国社会产生七大获利群。

第一，中超发展得好，中国企业将会吸引更多的世界级人才前来，使其自身获利。中超俱乐部花高价引入世界级足球人才，参与“中超联赛制造”，他们是高端的生产资料、原材料，是顶级制造不可或缺的精品，他们不仅能生产，也能保值、增值，让投资俱乐部的企业获利。中超的这种示范作用，也将有力地带动中国的其他行业引进和使用世界级人才，为创造更多的社会财富添力加码。

第二，中超发展得好，能使中国球迷获利。一方面，有了精彩的中超联赛，中国球迷就不用再熬夜观看欧洲五大联赛，而能够通过电视或网络近距离地享受体育大餐，而且部分球迷还可以现场体会；另一方面，这为拉动内需，促进国人对中超周边产品的消费，提供了一个大平台。

第三，中超发展得好，国内的整个足球产业都会获利。除了母公司能够获得巨大的企业形象宣传效益之外，从长远来看，国家队也获益匪浅。中超通过“请进来”的方式，使我们的联赛竞技水平得到了很大的提高，个别中超球队甚至接近了五大联赛的水准，这样就使我们的国家队员、国内教练以及部分年轻球员有了近距离切磋的对象和学习对象，尤其对于年轻人来说，榜样的力量是无穷的，能够充分地激发他们的潜能。长久以往，相信中国也会培养出自己的世界级球员，而中国足球也将获得更大的眼球效应。

第四，中超发展得好，能为机器人时代的到来储备工作岗位。中超可以说是一个全国性的产业，它的发展，能够解决相当一部分人的就业问题，使人尽其才。特别是今后机器人时代将要来临，国内就业压力可能会大大增加，由于体育文化产业相对来说其工作岗位用机器人替代的可能性不大，因此，加快发展中超之类的大型体育文化产业，将会为我们创造出更多的就业机会。

第五，中超发展得好，能直接或间接地为国家创造财富。就目前而言，在慢慢被激活的转会市场上，中超正在展现其经营属性的活力，通过中超俱乐部与国外俱乐部之间、中超俱乐部之间球员的交易，为国家带来税收，而不是部分媒体和球迷所认为的他们浪费的是纳税人的钱。

第六，中超发展得好，能够让中国在对外宣传上获利。随着中超不断地引进高质量的世界级球员，联赛的竞争力在不断增强，再加上体奥动力等对中超版权的海外推广，使其在世界上的影响力越来越大，同时它对中国社会的反哺作用也越来越明显。强大起来的中超，能够更好地向世界宣传中国形象，宣传“中国制造”，让“中国制造”大规模地走向世界。

第七，中超发展得好，能够让中国环境获利。体育产业是第三产业、朝阳产业、无烟产业，是继环保之后的国家重点扶持行业。现在世界各国普遍对环境保护要求较高，体育产业消耗能源少，不会造成污染，符合国家转变经济增长方式的要求。中超现在已经走出了一条适合中国体育产业发展的路子，做好做强“中超联赛制造”这一无烟产业，对促进我国保持良好的生态环境有着重要意义。

这样看来，我们不是要牺牲联赛质量，而是要更进一步地促进联赛质量的提高，我们应该大力扶持中超各职业俱乐部，以合理的政策为中超向着高质量方向发展保驾护航。

小结

中超的发展是整体的发展，而不能盲目追求某一个年龄段的发展，解决U23球员踢球的问题，只是中国足球的一部分，不能只押宝于这一部分，不能大包大揽，要对其做出科学的全盘考虑，这样才能使中超为中国社会创造更多的获利群。

第十章　中超要向欧洲联赛看齐

第一节　借鉴欧洲五大联赛与欧洲国家队成功的经验

导读

欧足联既制定有财政公平法案和限制外援政策，但又认可双重国籍，看似保证了欧洲五大联赛所在国国内球员上场机会，实际上，这是他们用各种方法吸引世界一流足球人才的“障眼法”。

当欧洲五大联赛的主要国家发现了梅西、内马尔、阿奎罗、科斯塔、伊瓜因等世界一流人才的作用时，不仅会用巨额转会费、高薪吸引过去，还会用双重国籍留住他们，为欧洲联赛生产制造世界级体育大片。

中国国家队的成绩好，显然是中国足协的政绩之一，必须要重视；俱乐部在国际上有竞争力，这也是一个很重要的政绩，关系到百姓的职业选项，也不能忽视。俱乐部的比赛就是球迷日常生活中必不可少的一个东西，与一日三餐一样，联赛开始后，其节奏是每周至少一吃；国家队比赛是大餐，一年只能吃几次，如果成绩不好，就如世界杯预

选比赛，连小组赛都没有出线的话，国内球迷就要饿着肚子等几年。这一状况曾经让我国球迷有十多年成了中立的旁观者，把目光转到了国外，去观看其他国家队的比赛。

中超要想提高我们俱乐部和国家队的成绩，人才是关键，世界级球员造就了世界级的国家队，我们的国家队也需要世界级球员。

目前，欧洲五大联赛的足球竞技水平在全球是最高的，这一点也受到公认。其他一些国家由于本国联赛质量不高，他们都盼望把国家队球员送到这些联赛中锤炼，然后回来为国家队服务。在亚洲，典型的就有日本、韩国、澳大利亚、伊朗等。

客观地说，欧洲俱乐部与国家队的成绩，就是靠采取“请进来”的方式得以保障的。当然，联赛质量是基础。那就让我们看看欧洲五大联赛的体制和运行机制吧，是否可以借鉴一下他们的成功经验，把我们的联赛搞好。

欧洲五大联赛经过 100 多年的风雨洗礼，不断地对规则加以修订，最大限度地提高了联赛的比赛质量和观赏性；不断地吸纳世界上一流的球员，将他们装点成联赛桂冠上最闪亮的明珠，极大地吸引了世界各国的球迷，五大联赛也成了世界级球员技能的试金石。

他们各自的特点和外援政策又是什么呢？让我们来看一看。

意甲起始于 1929 年，其特点为注重防守。意甲联赛的外援政策是人数无限制，此外，意大利足协还颁布了一项本土球员 3+3 政策，即要求每个俱乐部至少有 3 名自家青训培养出的球员，以及至少 3 名来自意大利其他俱乐部青训培养的球员。国际米兰足球俱乐部曾被球迷戏称是最典型的“联合国部队”，该球队很多时候上场的全是外援。而意大利本国球员也正好能和最好的国际球员团队切磋，提高自己的球技。但目前由于意大利经济下滑，也影响了球迷的收入，降低了足球俱乐部的运营财政预算，在购买大牌球员上也有些力不从心了。

法甲起始于 1932 年，是五大联赛中外援比例最低的球队。其特点为战术性和纪律性不强，但球员的个人能力比较高，比赛中经常有出人意料的个人表演，单打独斗比较多。法甲联赛的外援政策是每支球队的 18 人大名单中只能有 4 名外援，同时上场的外援人数限制在 3 人。现在，法甲在吸引世界足球人才上也是不惜血本。2017 年世界足坛最轰动的事件之一，就是法国巴黎圣日耳曼足球俱乐部为得到内马尔，向巴萨俱乐部支付了 2.2 亿欧元违约金。

德甲起始于 1963 年，其特点为力量型足球，讲究充沛的体能和完美的战术配合。德甲联赛明确规定，每个俱乐部有 4 个外援名额，但每场比赛外援最多只能有 3 人上场。此外，还强制要求每个俱乐部的一线队至少有 12 名本土球员。

西甲起始于 1928 年，其特点为注重技术与进攻，具有很强的观赏性。西甲联赛的外援人数限制为 3 人，同时上场的人数也限制在 3 人。

英超起始于 1992 年，其前身为英甲。英超的特点是快节奏、竞争激烈、强队众多，英超联赛的外援政策对人数无限制，但需有劳工证，本土球员至少 8 人，并且最多只能同时上场 3 名外援。申请劳工证要求非欧盟球员在过去 1 年内，参加国家队至少 75% 场次的国际 A 级比赛，此外该国的国际足联排名要在前 64 位。现英超已成为世界上最受欢迎的体育赛事之一，也是俱乐部直接收入最高的足球联赛。

需要说明的是，五大联赛的外援，均是指欧盟以外的非欧盟成员国籍球员，因欧盟许多国家承认双重国籍，如果欧盟以外的国籍球员拿到了欧盟成员国的国籍，也不算外援。所以，我们经常看到欧洲五大联赛许多双重国籍的球员还不算外援。这就是欧洲五大联赛吸引世界顶尖足球人才最大的“障眼法”。

经过 100 多年的运营，欧洲五大联赛已经很少有一系列的激进的规则政策改变。可以看出，他们虽然对本国球员也有政策保护，但是由于欧盟成员国之间球员交流不算外援，所以能够上场的本国球员，也只有法甲多一些。当然，法甲可能也是因为过度保护本国球员，而没有其他联赛的竞争力那么强。近几年意甲也没有竞争力，是因为其国内经济整体下降，而对世界级人才的引进有限，使联赛竞技能力下降，造成国家队成绩下降，2018 年俄罗斯世界杯也没有进入决赛圈。意甲被称为“小世界杯”的时候，不仅造就了一大批世界级的意大利本土明星球员如巴乔、皮耶罗、维埃里、马尔蒂尼、卡纳瓦罗等，也造就了里皮、卡佩罗、安切洛蒂、孔蒂等一批世界级名帅。在意甲“小世界杯”的影响下，由里皮先生带领意大利国家队获得了 2006 年的世界杯冠军。这也是其国内球员及教练员经过高质量联赛的长期打磨和沉淀后，自然产生的结果。

在西班牙甲级联赛红火的时候，众多世界级球员在西甲联赛也呈现了和意大利相似的结果，特别是巴萨由梅西、哈维、伊涅斯塔等领衔演绎了其独特的传控模式踢法，并把这一踢法用到了最高境界。这一踢法也移植到了西班牙国家队，他们同样将其用得炉火纯青，最终使西班牙国家队在经过了 82 年联赛的洗礼后，于 2010 年获得了第一个世界杯冠军。

德国就更不用说了，他们获得的世界杯冠军数直逼“五星巴西”。

这样看来，欧洲许多国家队的成绩是通过把国内球员放在最激烈的竞争中锤炼，从而让他们的水平获得大幅提高的。这算是公开的秘诀，也是世界足球专业人士认可的秘诀。

我们没有经济实力“请进来”的时候，只能干瞪眼，当我们有了经济优势，怎么还在乎那些没有实力请不进来或觉得动了他们人才奶酪的酸溜溜的国外媒体的评价呢？中超只要用这样的方式再过 10 年左右，就如里皮讲的，让胜利成为一种习惯，让我们的球员和世界级球员战斗成为一种习惯，也让世界习惯中国的这种人才引进模式，时间一长，他们就不会说什么了。那时候，世界级优秀人才都会争着优先考虑来中国。

从欧洲五大联赛的成功经验可以看出，联赛质量是多么重要，虽然他们也有保护本国球员上场的政策，但不像我们那样过度。中超为了某一个时期的国家队成绩而过度牺牲联赛质量，这实在值得反思。

小结

欧洲五大联赛引援的经验要借鉴，而我们自有的长处也要发挥，取长补短，中国足球一定行。

第二节 中国急需与欧洲相媲美的足球联赛

导读

中超必须达到世界一流，这也成了国家需要。

在我国的经济结构中，体育产业占有重要的地位，正逐步成为我国经济的支柱产业和拉动经济发展的新增长点。为了将自己打造成在世界上叫得响的、有影响力的职业体育宣传名片，中超亟须进一步提高联赛质量，为国家整体经济发展服务。

当然，从广大球迷的内心出发，也是希望中超能够快速壮大，达到与欧洲五大联赛相媲美的地步。这不仅需要有专业的管理人员，配套的硬件设施，世界级的裁判执法水平，最重要的是还需要一大批高质量的球员。

这些都需要投入。中国职业足球的盈利性历来不被人们所看好，俱乐部的盈利能力普遍低下。从目前来看，全国只有极少数的足球俱乐部能够有一些盈利。不过反过来说，为什么俱乐部一直亏损，而许多母公司却迟迟不肯丢下它呢？这就要归结到我们反复提及的俱母互哺模式上，我们不能单看子公司足球俱乐部是否盈利，而要看其为母公司带来的隐性收益，也是就足球俱乐部反哺给母公司的巨大的广告宣传效应。根据粗略折算，中超、中甲、中乙这些足球俱乐部背后的母公司加子公司的生产总值已超过 5 万亿元，占国民生产总值的 5%

还多，如果加上与其关联的产业，如电视传媒等版权企业、服装企业等，其生产总值则更高。

近几十年来中国经济一直保持中高速增长，国内产生了许多有实力的、在国际上都排得上号的大企业。其中的一些大鳄级、航母级企业还没有意识到这种俱母互哺模式的好处，一旦他们醒悟过来并参与进来，中超母公司的群体将会更加庞大，更具实力。这些企业的眼光也将不止限于国内市场，他们更是要扬帆出海，把自己的实力展示给世界人民，让他们看到中国的实力，看到中国的决心，看到中国的力量，看到世界顶级人才在中国的生产能力，从而达到与世界沟通、合作、共赢的目标。

但前提是，需要有一个能够与五大联赛相媲美的足球联赛，一个大平台、大舞台，才能满足他们向世界宣传其企业品牌形象的需求，才能承载并成就这些大企业的雄心壮志。

此外，提高国家文化软实力，是我们党和国家的一项重大战略任务。体育已经成为一个国家和地区文化软实力的重要体现，更是展现真实、立体、全面中国的重要渠道。中超联赛的综合性社会功能和提高国家文化软实力的要求相符，提高国家文化软实力也需要中超这类体育文化软实力助攻，但是这也要求中超联赛的质量提高到一定水平以后才能办到。

中国现在正在向中等发达国家行列迈进，也有可能会遇到发展的瓶颈期，中超联赛完全能够成为助推其成功突破的力量之一。作为一种既有经营性又有公益性的体育文化项目，中超对外宣传的功能还是比较强大的。试想一下，如果中超联赛能够达到欧洲五大联赛的水平，当中超一个个世界级球员的转会新闻充斥在世界体育新闻头条的时候，当这些世界级球员在中华大地上充分施展其才华的时候，与其相关联的中国国家综合实力，也将得到充分的展示。

我国现在正在实施“一带一路”倡议，发起创办亚洲基础设施投资银行，设立丝绸之路基金，举办“一带一路”国际合作高峰论坛、亚太经合组织领导人非正式会议、二十国集团领导人杭州峰会、金砖国家领导人厦门会晤、亚信峰会，倡导构建人类命运共同体，促进全球治理体系变革，这些活动使我国的国际影响力、感召力和塑造力进一步提高，为世界和平与发展做出了新的重大贡献。中超联赛完全可以响应和融合这些利好政策，做大做强，这样中超才有机会将成为世界一流联赛的目标变现。

小结

中超已经有了初步的条件，到了与欧洲五大联赛看齐的时候了。

客观上讲，中超大多数俱乐部在教练配备、软硬件设施上在向世界一流水平看齐，在投入资金上已经达到世界级别。可以说，媲美欧洲五大联赛，中超已是万事俱备，只欠放开外援这股东风了。

第三节　期待中超联结中欧经济互动共赢

导读

世界经济的发展不断走向联合、共生、共赢，中超作为足球职业联赛领域的新兴力量，要想取得突破，跻身世界顶级联赛行列，就必须与欧洲五大联赛做好衔接，加强合作。

中超联赛可以作为中国与欧盟经济互动、交流合作的联系纽带吗？这个前景值得期待。

一、欧盟简述

在第二次世界大战结束以后，由于欧洲土地上的战争所带来的破坏，让许多人开始支持某些形式的欧洲统合。这种统合形式，经过数十年的磨合、演变，到 1992 年，最终形成了现在这个以促进和平、追求公民富裕生活、实现社会经济可持续发展、确保基本价值观、加强国际合作为宗旨的欧洲联盟。

欧盟是欧洲地区规模最大的区域性经济合作国际组织。虽然欧盟本身无法行使各成员国的主权，但加入其中的各成员国通过将部分国家主权让渡给组织（主要是经济方面，如货币、金融政策、内部市场、外贸等），使得欧盟越来越像一个联邦制国家。

欧盟的诞生使欧洲的商品、劳务、人员、资本实现自由流通，经济一体化的逐步深化又促进了该地区经济的进一步繁荣，使其成为世界上经济最发达的地区之一。欧盟是世界货物贸易和服务贸易最大的进出口方，也是全球最不发达国家最大的出口市场和最大的援助者、多边贸易体系的倡导者和主要领导力量。

欧盟28国的国土总面积为242万平方千米，人口约3.5亿。根据百度等公开资料显示，2016年底，欧盟28个成员国国内生产总值达到16.39万亿美元（2016年国际汇率），人均国内生产总值为32059美元。

在当地时间2016年6月24日，英国脱欧公投最终结果为脱欧派获胜，成为首个选择脱离欧盟的国家。

二、中欧互动概况

中国的经济一直保持中高速增长，2017年国内生产总值增长到82万亿元人民币，约12万亿美元，仅次于美国，稳居世界第二，对世界经济增长贡献率超过30%。

实际上，中国的和平发展理论与欧盟的创立思想一脉相承，中国是要通过和平发展，提高国内老百姓的生活水平，给世界人民带来幸福；欧盟的创立思想则是避免战争的伤害而为联盟成员国的人民造福。

1975年5月，中国与欧盟的前身——欧洲经济共同体建立外交关系。40多年来，在双方的共同努力下，中欧关系取得了长足发展。在政治领域，欧盟先后制定了《欧中关系长期政策》《欧盟对华新战略》和《与中国建立全面伙伴关系》等对华政策文件。这些文件认为“欧洲同中国的关系必然成为欧洲对外关系，包括亚洲和全球关系中的一块基石”，主张同中国建立全面的合作伙伴关系。与此同时，我国也一再重申，中国与欧盟都是当今世界舞台上维护和平、促进发展的重要力量，全面发展同欧盟及其成员国长期稳定的互利合作关系，也是中国对外政策的重要组成部分。

三、中欧职业足球交流值得期待

40多年来，中欧关系定位从“建设性伙伴关系”发展到“全面伙伴关系”，再升格为“全面战略伙伴关系”，实现了历史性飞跃，中欧关系已成为世界上最重要、最稳定和最富建设性的伙伴关系之一。

那么，在这种有利背景下，我们完全可以进一步拓宽与欧盟合作共享、互融互通的空间，加强中欧体育文化交流，特别是在承载着“世界第一运动”美誉的足球领域，还存在无限的合作空间。欧洲是世界上职业足球发展得最好的中心地带，而中超近几年来也在不断地崛起，这为两地的足球交流提供了良好的基础和契机。

以前，中国也有不少球员到欧洲俱乐部踢过球，尽管有些人未能站稳脚跟，像马明宇、李金羽、张稀哲、张呈栋、张玉宁等，但也有不少人成为欧洲五大联赛俱乐部的主力或者主力替补球员，如李铁、李玮峰、杨晨、孙继海、范志毅、邵佳一、郑智、武磊等。这说明中国球员中还是有相当一部分人具备在欧洲踢球的实力的。拿现在中超联赛中表现亮眼的张琳芃、曹赟定、杨立瑜、黄紫昌、韦世豪、陈彬彬等人来说，他们的竞技水平应该不会逊色于那些曾经“留洋”的前辈们，只是缺乏一个合适的契机走出去。

如果中国和欧盟能够就职业足球领域合作展开更深层次的探讨，双方都能出台一些互利互助、合作共赢的政策，促进两地之间的职业球员交流往来，让我国的优秀足球运动员更多地“走出去”，或者把更多的欧洲足球人才“请进来”，相互学习，彼此融合，这样，一方面可以大大地提高我国球员的竞技质量，为国家队输送更优质的人才，为实现我们的足球强国梦添砖加瓦，另一方面中国广阔的球迷市场，也能够为欧洲联赛制造创造更多的商业价值和眼球效应。

此外，中欧之间应长期性地、经常性地举办一些青少年足球赛事，让欧洲俱乐部中最好的梯队来到中国，和中超俱乐部最好的梯队进行比赛交流，改善我国青少年足球比赛少、国际交流少、水平不高的现状，更能够借助赛事给中国青少年与全世界的青少年搭建一个展示自我、开放沟通的国际化平台。通过足球这一运动项目极强的培育功效，吸引更多的人群参与到足球运动中，来增进世界足球文化的发展。

最后，笔者还有一个不成熟的设想，当未来中超联赛的竞技质量达到一定的水准后，是否可以借鉴网球比赛或斯诺克比赛等，向欧足联申请为中超排名前几位的球队发放外卡，参加他们的部分联赛或欧冠比赛（2015 年，美洲杯组委会也曾给日本和墨西哥国家队发过外卡邀请，说明这一做法是可以尝试的）。这样，既可以迎合欧盟对于中国这个大市场的需求，把双方的经济用体育文化这张名片互相联系起来，产生双赢甚至多赢的裂变效应，而且中超的企业精英们也可以将中国与欧盟的市场有效融合，充分发挥他们的聪明才智，把“中超联赛制造”和“中国制造”一同打造为世界精品。

确实，这非常值得期待。

小结

中国和欧盟的关系经过 40 载风雨历程的考验，日趋成熟稳定，正处在谋划未来、大有作为的关键时期，“一带一路”作为引领中欧体育文化交流的向导，让双方不断扩大利益汇合点，开创经济合作发展的新模式。其中，借助足球领域的双向交流，增强中欧经济互动，具有广阔的空间可以作为。

后　记

在国内，不仅仅是各种媒体在关注欧洲五大联赛、美国NBA，有许多朋友的QQ群、微信群也在时刻关注着。在这些赛事进行中，他们不断地发评论、发截图，分享比赛的过程和结果。NBA大多数的赛事是在一天的早上进行，而欧洲五大联赛则多数是在深夜开始。这些球迷可以说是不舍昼夜，全情投入其中，有时候表现得比场上的球员还要兴奋、紧张、担心、激动，更有甚者，一旦其爱戴的球队失利或获胜，他们就会自拍或痛哭流涕或疯狂庆祝的照片发到群里，这种发自内心的狂热，实在是把笔者震惊到了。

惊讶之余，笔者重新审视了一下国内的职业体育赛事。我们同样有着已经发展了几十年的足球职业联赛、篮球职业联赛，却很少能看到有球迷对他们也表现出如此的迷恋之情。仔细分析下来，我们的职业联赛虽然已经处于高速发展阶段，但目前似乎走入一些误区，而且有不少可能是误判，导致投资方信心不足，球迷兴趣不大。

中超是中国社会经济的载体之一，它本身的经营产值并不高，且作为一种竞技体育项目来说，过分地夸大其作用并不可取，但如果忽视它的无烟性、公益性，则是对中国社会资源的极大浪费，也是对这一行业的不尊重。

基于此，笔者就以一个球迷的身份，希望把中超自身发展要求以及与中超相关的一些社会现象，用经济的方法、从全局的视角，做一个独立的解读。由此，也就有了本书的面世。

笔者认为，中超部分俱乐部豪掷千金购买球员，实质上是放眼世界，对自身所需要的生产资料、原材料进行优选，相当于是前期投资，然后借助中超特有的俱母互哺模式，通过俱乐部的不断曝光来促进对母公司的企业形象宣传，为企业带来巨大的隐性收益。无疑，这是明智之举。

中国足球产业是巨大的，发展空间非常广阔。中超不仅需要人才，也需要运作的智慧，我们要鉴别出滥竽充数者，为真正的世界级人才打造能够充分施展他们才华的舞台。目前，中超的基础已经打好，接下来就要看我们对于一些误区或误判的修正能力了。

中国球员也是有能力的。虽然中国国家队成绩不突出，但在笔者看来，中国球员主要是在成熟阶段拉开了差距，只是他们在本该进一步提升的阶段没有得到高质量的锻炼而已，如果经过高质量联赛的锤炼，中国球员也是有可能成长为世界级球员的。我们现在已经有经济实力把世界一流球员请到中超来，而且把中超办成“东方小世界杯”的硬件已经具备了，下一步就是要仔细筹划如何实现中超联赛模式的新跨越，从而让中国足球昂首奋进，与中国经济一起走入新时代。

这也是笔者和中国广大球迷的梦想。

文夜郎

2020 年 10 月